WARME VORSPEISEN FÜR JEDE JAHRESZEIT

Meister Verlag GmbH

INHALT

Warme Vorspeisen aus aller Welt

Jedes Land hat seine typischen Vorspeisen, denn zu einem richtigen Menü gehört einfach ein kalter oder warmer Appetitanreger, der meist auch für eine angeregte Stimmung in der Gästerunde sorgt.

Afrika & Naher Osten

Geheimnisvoll sind nicht nur die verschleierten Frauen im Orient. Auch die landestypische Küche hat etwas Mystisches. Besonders gerne werden Gerichte in zermuster Form serviert. Als Vorspeise sehr beliebt sind Auberginenpürees, die immer wieder anders zubereitet werden. Feines Olivenöl, reichlich Knoblauch, verschiedene Gewürze und frische Kräuter, wie Petersilie oder Koriander, gehören auf jeden Fall hinein.

Mittelmeerraum & Westeu

Viel Lebensfreude wird den Südländern nachgesagt, auch wenn es ums Essen geht. Während bei uns die Hauptmahlzeit in der Regel mittags verzehrt wird, ißt man rund ums Mittelmeer erst am Abend

Nord- & Mitteleuropa

Regionales steht auf den Speiseplänen Nord- und Mitteleuropas hoch im Kurs. Nordlichter bevorzugen alles, was frisch aus dem Meer kommt, in Mitteleuropa dominieren dagegen Vorspeisen mit Gemüse und Käse.

Asien & Ferner Osten

Faszinierend ist die Lebensphilosophie der Menschen in Asien und im Fernen Osten. Sie ist auch in den Küchen spürbar. Ausgewogen, harmonisch und optisch eindrucksvoll wie die Kartoffelbirnen werden die einzelnen Gerichte präsentiert.

ROPA

richtig, wenn die Hitze des Tages in angenehmere Temperaturen übergeht. Nach einem Aperitif als Auftakt gibt es zuerst immer eine kleine Vorspeise – häufig in Öl eingelegtes fritiertes oder überbackenes Gemüse.

Neue Welt

Beeindruckend ist das Angebot an Nahrungsmitteln in Amerika und in Australien. Aus ihnen wird nicht nur Fastfood zubereitet, sondern auch viele leckere Kleinigkeiten, die sich als Vorspeisen anbieten. An den unendlich langen Küsten spielen Gerichte mit Fisch dabei natürlich meistens die Hauptrolle.

Mittel- & Südamerika

Farbenfroh sind nicht nur die Märkte in Lateinamerika und in der Karibik. Auch die Speisen enthalten viele bunte Zutaten, die sie besonders appetitanregend machen. Eine Spezialität sind überbackene Papayas mit Gemüse und kleingewürfeltem Hühnerfleisch. Das mexikanische Pendant dazu: Tortillas mit einer Mais-Hackfleisch-Füllung.

Osteuropa

Traditionell wird im Osten Europas gerne deftig gegessen. Auf dem Vorspeisenbüfett finden sich daher Gerichte wie russische Blinis mit Frischkäse und Lachs oder in Teig ausgebackene Käsespieße aus Ungarn als appetitanregender Auftakt eines Menüs.

PORTUGIESISCHE GARNELENTÄSCHCHEN

PORTUGAL

Dünner Hefeteig erhält eine saftige Füllung aus Garnelen und wird ganz frisch aus dem Ofen serviert. So schmecken die Täschchen am besten und werden reißenden Absatz finden.

ZUTATEN

(Für 4 Portionen; 20 Stücke)

FÜR DEN TEIG

- 250 g Mehl
- ½ Würfel Hefe (21 g)
- 1 TL Salz

FÜR DIE FÜLLUNG

- 2 Knoblauchzehen
- 250 g gegarte Garnelen (siehe Zutatentip)
- 1 kleine weiße Zwiebel
- 1 Bund Petersilie
- 1 EL Kapern
- 1 EL Mayonnaise
- Salz, schwarzer Pfeffer
- 1 TL scharfes Paprikapulver

AUSSERDEM

- Mehl zum Bearbeiten
- ½ l Fett zum Fritieren

ZUTATENTIP

Gegarte Garnelen gibt es in jedem Fischgeschäft, aber auch in gut sortierten Supermärkten zu kaufen.

1 Für den Teig Mehl in eine Schüssel sieben. In die Mitte eine Mulde drücken. Hefe zerbröckeln, in 3 EL lauwarmem Wasser auflösen und in die Mulde geben. Zugedeckt etwa 15 Minuten gehen lassen.

2 Etwa 120 ml lauwarmes Wasser und Salz zum Vorteig in die Schüssel geben und alles zu einem glatten Teig verarbeiten. Zugedeckt etwa 45 Minuten gehen lassen.

3 Für die Füllung den Knoblauch schälen. Durch die Presse in eine Schüssel drükken. Die Garnelen in einem Sieb abtropfen lassen und fein hacken. Die Zwiebel schälen und fein reiben. Die Petersilie abbrausen, trockenschütteln und ohne grobe Stiele fein hacken. Die Kapern hacken. Alles zum Knoblauch geben. Mit der Mayonnaise mischen. Mit Salz, Pfeffer und Paprika abschmecken.

4 Den Teig auf bemehlter Fläche dünn ausrollen. In Quadrate (10 x 10 cm) schneiden. Die Füllung auf den Teigplatten verteilen. Die Platten zu Dreiecken zusammenklappen. An den Rändern zusammendrücken. Das Fett in einem hohen Topf erhitzen (siehe Kochtip). Die Täschchen darin 5 Minuten fritieren, herausnehmen und abtropfen lassen.

Schritt 2

Schritt 3

Schritt 3

Zubereiten **45** Min. Ruhen **1** Std.

Pro Portion: 330 kcal/1381 kJ;
14 g EW; 9 g F; 48 g KH

TYPISCH POTUGIESISCH

Nicht nur in der Lagune von Aveiro machen sich die Fischer jeden Tag schon frühmorgens mit ihren farbenfrohen Booten auf den Weg aufs Meer. Ob der Fang lohnend war, kann man spätestens am Angebot der Marktstände sehen. Portugiesische Hausfrauen bereiten daraus so feine Gerichte wie diese Garnelentäschchen.

Kochtip

- Das Fritierfett muß sehr heiß sein, damit sich der Teig nicht zu sehr mit Fett vollsaugt. Wenn ein Brotwürfel im Fett rasch braun wird, ist es heiß genug.
- Wer Fett sparen möchte, kann die Garnelentäschchen auch im Backofen bei 180 °C (Gas 2; Umluft 160 °C) in etwa 25 Minuten goldbraun backen.

Serviertip

Servieren Sie dazu eine kalte Tomatensauce aus pürierten Tomaten mit Knoblauch, etwas Tabasco, Salbei und Rosmarin.

Als Getränk paßt ein gut gekühlter portugiesischer Vinho verde und Mineralwasser mit Zitrone.

Champignons in Kräuteröl

Spanien

Zarte Champignons garen rasch in einem würzigen Sud aus Knoblauch und Chilischoten – sie sind genau die richtige Einstimmung auf einen spanischen Abend mit lieben Gästen.

ZUTATEN
(Für 4 Portionen)

- 600 g kleine Champignons (siehe Zutatentip)
- 2 rote Chilischoten
- 6 Knoblauchzehen (siehe Zutatentip)
- 1 kleines Bund Petersilie
- 4 EL Olivenöl
- Salz

AUSSERDEM

- Petersilie zum Garnieren

Zutatentip

- Achten Sie beim Einkauf darauf, daß Sie nur wirklich feste Champignons mit geschlossenen Köpfen kaufen.
- Der Knoblauch sollte möglichst jung sein, da er zarter und milder im Geschmack ist. Im Frühjahr wird er auf dem Markt angeboten.

1 Die Champignons putzen, nicht waschen, sondern nur mit einem feuchten Tuch abreiben. Größere Pilze halbieren oder vierteln. Die Chilischoten halbieren, von Stielansatz sowie Samensträngen befreien, unter fließend kaltem Wasser waschen und in feine Streifen schneiden (siehe Kochtip).

2 Die Knoblauchzehen schälen, halbieren und in feine Scheiben schneiden. Die Petersilie unter kaltem Wasser abbrausen, trockenschütteln und ohne die groben Stiele fein hacken.

3 Das Öl in einer Pfanne erhitzen. Die Pilze mit den Chilistreifen und dem Knoblauch in die Pfanne geben und bei starker Hitze unter ständigem Rühren in etwa 4 Minuten anbraten. Die Petersilie untermischen und etwa 2 Minuten mitgaren. Die Champignons nach Belieben salzen, mit der Petersilie garnieren und sofort servieren.

Schritt 1

Schritt 2

Schritt 3

Zubereiten **25** Min.
Pro Portion: 290 kcal/1213 kJ; 10 g EW; 25 g F; 6 g KH

Typisch spanisch

Was gibt es schöneres, als sich mit Freunden auf ein Glas Wein oder Sherry zu verabreden? In Spanien dürfen dazu die beliebten Tapas nicht fehlen, köstliche Kleinigkeiten, wie Champignons oder Garnelen in pikantem Öl, mit Mandeln oder Paprika gefüllte Oliven, Pastetchen oder Fleischbällchen.

Kochtip

Die Schärfe bei den Chilischoten sitzt vor allem in den Kernen und in den Trennwänden. Wer die Pilze also gerne schärfer mag, zerkleinert die Kerne mit. Achten Sie übrigens immer darauf, daß Sie nach dem Zerkleinern der Schoten mit den Händen nicht in den Augen reiben, die Schärfe haftet nämlich an den Fingern.

Serviertip

Zu den würzigen Champignons sollten Sie unbedingt knuspriges Baguette oder ein anderes Weißbrot reichen.

Als Getränk eignet sich ein trockener Sherry oder ein Weißwein, etwa Entre-deux-Mers.

SERVIERTIP Als Hauptgericht schmecken gegrillte Lammkoteletts mit Rosmarinkartoffeln aus dem Ofen.

Ein trockener Weißwein, etwa ein Edelzwicker aus dem Elsaß, mundet zur edlen Vorspeise gut.

ARTISCHOCKEN MIT KNOBLAUCHDIP

FRANKREICH

Eine edle Vorspeise für laue Sommernächte, wenn es marktfrische Artischocken zu kaufen gibt und man im Freien essen kann – am besten mit Freunden in einer fröhlichen Runde.

ZUTATEN
(Für 4 Portionen)

- 4 große Artischocken
- Saft von 1 Zitrone
- 2 TL Salz

FÜR DEN DIP

- 10-12 Knoblauchzehen
- ¼ l Gemüsefond
- 70 g Weißbrot
- 4 EL Olivenöl
- 1 Döschen Safran (siehe Zutatentip)
- Salz
- Cayennepfeffer

ZUTATENTIP

Safran gibt es als Fäden oder gemahlen zu kaufen. Safranfäden sind zwar teurer, aber sie haben wesentlich mehr Aroma. Schon die kleinste Menge verleiht Speisen den typischen Safrangeschmack.

1 Die Artischocken waschen, den Stiel mit einer Küchenschere abschneiden. Dann das obere Drittel der Blätter mit der Schere abschneiden. Die Schnittstellen mit etwas Zitronensaft beträufeln. Beiseite stellen.

Schritt 1

2 In einem großen Topf reichlich Wasser zum Kochen bringen. Den übrigen Zitronensaft und das Salz dazugeben. Dann die Artischocken in den Topf geben. Zugedeckt 35 Minuten kochen lassen.

3 Für den Dip die Knoblauchzehen schälen, mit dem Gemüsefond in einem Topf zum Kochen bringen und 10 Minuten köcheln lassen. Das Brot entrinden und in 2 cm große Würfel schneiden. In den Fond geben und darin weich werden lassen. Das Öl dazugeben und alles mit dem Stabmixer fein pürieren. Die Safranfäden in 2 EL heißem Wasser auflösen und untermischen. Mit Salz und Cayennepfeffer nach Belieben abschmecken.

Schritt 3

4 Die Artischocken mit einem Schaumlöffel aus dem Topf heben und gut abtropfen lassen. Auf Tellern anrichten und den Knoblauchdip dazu servieren.

Schritt 4

Zubereiten **1** Std.

Pro Portion: 335 kcal/1402 kJ; 7 g EW; 26 g F; 18 g KH

TYPISCH FRANZÖSISCH

Nicht nur die Frucht, sondern auch die Blüte der beliebten Artischocke ist eine echte Augenweide. In Frankreich kommen die dicken runden Artischocken, deren Blätter man nach dem Kochen in raffinierte Saucen dipt, zum größten Teil aus der fruchtbaren Bretagne.

Käsecroûtons aus den Ardennen

Frankreich

Die mit delikater Käsecreme bestrichen und im Backofen knusprig gebackenen Baguettescheiben bilden den Auftakt zu einem leckeren Menü oder passen als Häppchen zum Aperitif.

ZUTATEN
(Für 4 Portionen)

- 150 g Gruyère (siehe Zutatentip)
- 1 EL Crème fraîche
- 1 Knoblauchzehe
- 2 TL Tomatenmark
- Salz
- 1 kräftige Prise Cayennepfeffer
- 8 Scheiben Baguette

Zutatentip

Gruyère ist ein sehr würziger Käse, der sowohl in Frankreich als auch in der Schweiz – auch unter der Bezeichnung Greyerzer – hergestellt wird. Beide sind für diese Croûtons geeignet, ersatzweise paßt aber auch ein Bergkäse.

1 Den Backofen auf 250 °C vorheizen. Den Käse vollständig von der Rinde befreien und auf einer Küchenreibe sehr fein reiben (siehe Kochtip). Danach in eine Schüssel geben. Die Crème fraîche hinzufügen und mit dem geriebenen Käse gründlich verrühren.

2 Den Knoblauch schälen und durch die Presse in die Schüssel zur Käsemasse drücken. Danach das Tomatenmark hinzufügen und alles gründlich verrühren. Mit Salz und der Prise Cayennepfeffer abschmecken.

3 Die Käsemasse mit einem Messer gleichmäßig auf den Baguettescheiben verteilen und die Scheiben nebeneinander auf ein ungefettetes Backblech legen (siehe Kochtip).

4 Die Käsecroûtons im heißen Ofen (Gas 5; Umluft 230 °C) in 5-7 Minuten backen, bis der Belag goldbraun ist. Die Croûtons aus dem Ofen nehmen und sofort servieren.

Schritt 1

Schritt 2

Schritt 3

Zubereiten 30 Min.
Pro Portion: 285 kcal/1192 kJ;
15 g EW; 15 g F; 22 g KH

Typisch französisch

Ob als kleiner Imbiß zum Wein, als Abschluß eines Menüs oder zur Zubereitung vieler typischer Gerichte – in Frankreich ist das kulinarische Leben ohne Käse undenkbar. Kein Wunder also, daß im ganzen Land mehr als 500 verschiedene Sorten hergestellt und verkauft werden, unter anderem auch Ziegenkäse.

Kochtip

- Der Käse schmeckt am besten, wenn man ihn am Stück kauft und frisch reibt. Falls Sie keine Küchenreibe haben, können Sie ihn auch kleinwürfeln.
- Lassen Sie zwischen den einzelnen Scheiben ausreichend Abstand, denn der Käse kann herunterlaufen und die Scheiben würden dann zusammenkleben.

Serviertip

Besonders apart schmecken die Croûtons mit Spinatsalat, der am besten mit einer würzigen Kräuter-Vinaigrette angemacht wird.

Zu einem Glas Rotwein oder auch zu Sekt sind die knusprigen Brotscheiben ein ideale Knabberei.

MOZZARELLA IN CARROZZA

ITALIEN

ZUTATEN
(Für 4 Portionen)

- 4 Sardellenfilets (siehe Zutatentip)
- 250 g Mozzarella
- 2 Eier
- 5 EL Milch
- Salz
- 60 g weiche Butter
- 8 Scheiben Toastbrot (siehe Zutatentip)

AUSSERDEM

- Olivenöl zum Ausbacken
- Basilikumblättchen zum Garnieren

ZUTATENTIP

- Wer Sardellen nicht mag, läßt sie einfach weg.
- Statt Toastbrot können Sie auch andere Weißbrotsorten, wie etwa Kastenweißbrot oder Baguette vom Vortag, für dieses Rezept verwenden.

Die italienische Küche beweist immer wieder, wie wunderbar einfache Gerichte schmecken können. Zwischen kroß gebakkenen Brotscheiben verbirgt sich geschmolzener Mozzarella.

1 Die Sardellenfilets wässern. Inzwischen den Mozzarella abtropfen lassen und in gleichmäßig dünne Scheiben schneiden.

2 Die Eier in einer Schüssel mit der Milch und etwas Salz verquirlen. Die Sardellenfilets abtropfen lassen und dann fein hacken.

Schritt 2

3 Die Butter in eine Schüssel geben und mit den gehackten Sardellenfilets verrühren. Die Toastbrote entrinden und gleichmäßig mit der Sardellenbutter bestreichen. Dann diagonal halbieren.

Schritt 3

4 Die Hälfte der Toastbrotecken mit den Mozzarellascheiben belegen und die restlichen Brotecken darauf legen.

5 Die Brote in eine tiefe Form legen und mit der Eiermilch begießen. So lange stehen lassen, bis die gesamte Flüssigkeit aufgesogen ist. Die Brote zwischendurch wenden.

Schritt 5

6 In einer großen, tiefen Pfanne reichlich Olivenöl erhitzen. Die Brote hineinlegen und rundum bei starker Hitze knusprig ausbacken (siehe Kochtip). Dann aus der Pfanne nehmen, auf Küchenpapier abtropfen lassen und mit Basilikumblättchen garnieren.

Zubereiten **50** Min.
Pro Portion: 440 kcal/1841 kJ; 15 g EW; 31 g F; 25 g KH

TYPISCH ITALIENISCH

Mozzarella gibt es überall in Italien. Doch jede Region hat zusätzlich noch ihre eigenen Käsespezialitäten. So ist das Piemont beispielsweise für den Ricotta piemontese, den Ricotta pecorina und den Caprino bekannt. Sie alle zählen zu den Frischkäsen, sind weich, zart, streichbar und schmecken angenehm säuerlich.

Kochtip

- Der »Sandwich-Maker« ist für die Zubereitung der saftigen Brote ideal und obendrein sparen Sie noch Fett und die Eiermilch. Er ist im Fachhandel erhältlich.
- Achten Sie beim Ausbacken darauf, daß die Brote auf jeder Seite etwa 3 Minuten gebraten werden. Der Käse darf nicht zerfließen, sondern nur schmelzen.

Serviertip

Reichen Sie zu den sättigenden Broten etwas Leichtes: einfach Cocktailtomaten und Basilikum auf Holzspieße stecken.

Chianti harmoniert mit dieser Vorspeise bestens. Wer keinen Alkohol mag, trinkt dazu frischen Saft.

Blätterteigröllchen mit Schafskäse

Türkei

Hauchdünne Teigblätter werden mit einer Schafskäse-Füllung zu dünnen Röllchen geformt und in heißem Öl ausgebacken. Sie schmecken auch zwischendurch zu einem Gläschen Wein.

ZUTATEN

(Für 4 Portionen)

- 1 Bund Dill
- 1 Bund Petersilie
- 1 EL Pinienkerne
- 200 g Schafskäse
- 1 EL Schlagsahne
- schwarzer Pfeffer
- 4 Yufka-Teigblätter (siehe Zutatentip)

FÜR DIE SAUCE

- 2 Knoblauchzehen
- 3-4 Zweige Minze
- 300 g Joghurt
- Salz, schwarzer Pfeffer

AUSSERDEM

- ½ l Öl zum Fritieren
- Minze zum Garnieren

Zutatentip

Yufka- oder Filloteig gibt es in türkischen und griechischen Geschäften bereits dünn ausgerollt zu kaufen. Teigreste halten sich im Kühlschrank einige Tage frisch.

1 Den Dill und die Petersilie waschen, trockenschütteln und ohne die groben Stiele fein hacken. Die Pinienkerne ebenfalls fein hacken. Den Schafskäse mit einer Gabel zerdrücken, mit Sahne, Kräutern und Pinienkernen mischen und mit Pfeffer würzen.

Schritt 1

2 Jeweils 2 Teigblätter auf einer Arbeitsfläche übereinanderlegen und in 4 Teile schneiden (siehe Kochtip). Die Teigränder mit kaltem Wasser bestreichen. Jeweils etwas Schafskäsefüllung auf die Teigblätter geben und die Blätter zu dünnen Röllchen aufrollen. Danach die Teigenden mit Wasser bestreichen, umklappen und gut festdrücken.

Schritt 2

3 Für die Sauce den Knoblauch schälen und durch die Presse in eine Schüssel drücken. Die Minze abbrausen, trockenschütteln und ohne die groben Stiele sehr fein hacken. Minze und Joghurt mit dem Knoblauch verrühren. Mit Salz und Pfeffer würzen.

4 Das Öl in einem weiten Topf erhitzen. Die Teigröllchen im heißen Öl 4-5 Minuten fritieren. Mit einem Schaumlöffel herausheben und auf Küchenpapier abtropfen lassen. Auf einem Teller anrichten. Mit Minze garnieren und mit Joghurtsauce servieren.

Schritt 4

Zubereiten **50** Min.

Pro Portion: 600 kcal/2510 kJ; 15 g EW; 55 g F; 11 g KH

Typisch türkisch

In den weiten Ebenen Anatoliens finden die Schafe ausreichend Nahrung – vor allem zarte Gräser und aromatische Kräuter –, um eine würzige Milch zu geben. Wer einmal frischen Schafskäse probiert hat, weiß, warum es in der Türkei so viele Zubereitungsarten für diese landestypische Käsespezialität gibt.

Kochtip

Wenn die Yufka-Teigblätter zusammengefaltet in der Verpackung sind, können sie an den Faltstellen sehr leicht reißen. Lösen Sie sie deshalb vorsichtig voneinander. Am besten die Blätter immer so aufeinander legen, daß sich die Faltstellen auf keinen Fall berühren. Dadurch gibt es keine Risse auf der Teigplatte.

Serviertip

Servieren Sie nach den Käse-Röllchen eine Rotbrasse vom Grill, gefüllt mit Zitronenscheiben und frischen Kräutern.

Türkischer Tee sollte stets bereitstehen. Das anregende Getränk wird nach Belieben gesüßt.

Marokkanisches Auberginenpüree

Marokko

Das Lieblingsgemüse der Türken schmeckt auch als Dip mit Pitabrot aus dem Ofen ausgezeichnet. Es ist einfach zuzubereiten und kann sowohl warm als auch kalt serviert werden.

ZUTATEN
(Für 8 Portionen)

- 2 Auberginen (etwa 400 g)
- 1 weiße Zwiebel (etwa 200 g)
- 1 Bund Petersilie
- 4 Knoblauchzehen
- 4 EL Olivenöl
- 5 EL Zitronensaft
- 4 EL Sesampaste (siehe Zutatentip)
- 1 TL Harissa (siehe Zutatentip)
- 2 EL Sesamsamen
- 1 Pitabrot, Salz
- Petersilie zum Garnieren

Zutatentip

- Sesampaste wird auch unter der Bezeichnung Tahin angeboten. Sie ist in asiatischen Geschäften oder in Naturkostläden erhältlich.
- Harissa können Sie in türkischen oder auch in Asienläden im Gläschen kaufen.

1 Den Backofen auf 250 °C vorheizen. Die Auberginen waschen und die Haut mit einem Holzstäbchen mehrmals einstechen. Mit der ungeschälten Zwiebel auf ein Backblech legen. Beides im heißen Ofen (Gas 5; Umluft 230 °C) 20-30 Minuten backen, bis die Haut braun ist. Dabei gelegentlich wenden.

Schritt 1

2 Inzwischen die Petersilie waschen, trockenschütteln und ohne die groben Stiele fein hacken. Den Knoblauch schälen und durch die Presse in eine Schüssel drücken. Beides mit Öl, Zitronensaft, Sesampaste und Harissa mischen. Danach die Sesamsamen in einer Pfanne ohne Fett goldgelb rösten und beiseite stellen.

Schritt 3

3 Auberginen und Zwiebel aus dem Ofen nehmen. Zwiebel schälen. Auberginen längs aufschneiden. Fruchtfleisch mit einem Löffel herauskratzen (siehe Kochtip). Zwiebel und Auberginenfruchtfleisch fein hacken und mit einer Gabel zerdrücken.

Schritt 4

4 Das Pitabrot in den ausgeschalteten Ofen schieben. Die Auberginenmasse mit der Petersilienmischung gut verrühren und salzen. Mit dem Sesam bestreuen und mit Petersilie garnieren. Das Pitabrot dazu reichen.

Zubereiten **40** Min.
Pro Portion: 425 kcal/1778 kJ; 7 g EW; 27 g F; 39 g KH

Typisch marokkanisch

Wer spielt in Marokko in der Küche die Hauptrolle? Eindeutig das Gemüse. So wird der berühmte Couscous außer mit Lamm meist mit sieben verschiedenen Gemüsen zubereitet. Auberginen, die attraktiven Nachtschattengewächse, gehören immer mit hinein. Sie werden aber auch in anderer Form gerne gegessen.

Kochtip

Das Auberginenfleisch ist nach dem Backen so weich, daß es sich leicht mit einem Löffel aus den Schalen lösen läßt. Um festzustellen, ob die Auberginen ausreichend gegart sind, stechen Sie am besten mit einem Messer in die dickste Stelle der Frucht. Wenn kein Widerstand zu spüren ist, sind sie genau richtig.

Serviertip

Dazu passen schwarze Oliven, Tomatenachtel und Gurkenscheiben. Am besten separat auf einem Teller servieren.

Einen trockenen Rotwein aus der Türkei, etwa einen Cabernet Sauvignon, dazu genießen.

Serviertip Reichen Sie als Nachtisch mit Frischkäse und gehackten Haselnüssen gefüllte Datteln.

Als Getränk schmeckt Pfefferminztee, den Sie sowohl kalt als auch warm servieren können.

Arabische Thymianbrötchen

SAUDI ARABIEN

Mit Thymian gewürzte Brötchen kommen noch warm auf den Tisch und werden mit einem leichten Gurkendip serviert. Die Vorspeise läßt sich für eine größere Runde sehr gut vorbereiten.

ZUTATEN
(Für 4 Portionen)

FÜR DIE BRÖTCHEN
- ⅛ l Milch
- 250 g Mehl
- ½ Würfel Hefe (21 g)
- 1 Prise Zucker
- 1 großes Bund Thymian (siehe Zutatentip)
- 1 TL Salz, 1 Eigelb

FÜR DEN GURKENDIP
- 1 kleine Salatgurke
- 4 Zweige Minze
- 2 Knoblauchzehen
- 500 g Joghurt
- ⅛ l Mineralwasser, Salz

AUSSERDEM
- 3 EL Butterschmalz
- Thymian zum Garnieren

ZUTATENTIP
Thymian können Sie auf der sonnigen Fensterbank selbst ziehen. Wenn Sie keinen frischen erhalten, nehmen Sie 2 TL getrockneten Thymian.

1 Milch erwärmen. Mehl in eine Schüssel sieben. In die Mitte eine Mulde drücken. Hefe zerbröckeln und mit etwas Milch und Zucker verrühren. In die Mulde geben und 15 Minuten gehen lassen.

2 Den Thymian waschen, trockenschütteln und die Blättchen abzupfen. Mit dem Salz, dem Eigelb und der übrigen Milch in die Schüssel geben. Mit den Knethaken des Handrührgeräts zu einem glatten Teig verkneten. Zugedeckt 45 Minuten gehen lassen.

3 Inzwischen für den Gurkendip die Gurke schälen und längs halbieren. Die Kerne mit einem Teelöffel herauskratzen. Die Gurke fein raspeln. Die Minze abbrausen, trockenschütteln und ohne die groben Stiele fein hacken. Den Knoblauch schälen und durch die Presse drücken. Alles mit Joghurt und Mineralwasser verrühren und salzen.

4 Teig in 16 gleiche Portionen teilen, zu Kugeln formen und flachdrücken. Nochmals 15 Minuten gehen lassen. Schmalz in 2 beschichteten Pfannen zerlassen. Die Brötchen darin bei mittlerer Hitze beidseitig je 4-5 Minuten braten. Mit Thymian garnieren und mit dem Gurkendip servieren.

Schritt 2

Schritt 3

Schritt 4

Zubereiten **15** Min.
Ruhen **1** Std. **15** Min.
Backen **10** Min.
Pro Portion: 520 kcal/2175 kJ; 14 g EW; 28 g F; 53 g KH

TYPISCH SAUDI ARABIEN
Brot – ob luftiges Fladenbrot oder würzige Brötchen – erfüllt in den arabischen Ländern mehr als nur einen Zweck: es ist Beilage, ein beliebtes Frühstück, gefüllt mit verschiedenen Zutaten ein beliebter Imbiß und dient sozusagen bei fast allen Mahlzeiten als eßbarer Löffel.

ERBSENBÄLLCHEN AUS NIGERIA

NIGERIA

Zarte, fein-würzige Bällchen aus getrockneten grünen Erbsen werden knusprig fritiert und heiß serviert – eine köstliche Vorspeise, die am besten vor einem leichten Hauptgericht paßt.

ZUTATEN
(Für 4 Portionen)

- 75 g getrocknete grüne Erbsen
- 1 kleine Möhre
- 1 rote Paprikaschote
- 2 cm frische Ingwerwurzel
- 1 EL Kokosraspel
- Salz, schwarzer Pfeffer
- 1 Prise gemahlener Kreuzkümmel (siehe Zutatentip)

AUSSERDEM
- ½ l Öl zum Fritieren

ZUTATENTIP
Kreuzkümmel erhalten Sie ganz oder gemahlen in Asienläden. Kaufen Sie vom gemahlenen nie zuviel, da er rasch an Aroma verliert.

1 Die Erbsen in eine Schüssel geben, mit lauwarmem Wasser bedecken und etwa 4 Stunden quellen lassen.

2 Die Erbsen in einem Sieb abtropfen lassen. In eine Schüssel geben und mit dem Stabmixer fein zerkleinern. Danach die Möhre waschen, putzen, schälen und fein raspeln. Die Paprikaschote halbieren, von Stielansatz sowie Samensträngen befreien, waschen und kleinwürfeln. Anschließend den Ingwer schälen und sehr fein hacken.

3 Das Erbsenpüree mit den Möhren, der Paprikaschote, dem Ingwer und den Kokosraspeln gut mischen. Falls das Püree zu trocken ist, etwas Wasser untermischen. Alles mit Salz, Pfeffer und Kreuzkümmel würzen und zu Kugeln (3 cm Ø) formen.

4 Das Öl in einem großen Topf erhitzen. Die Bällchen hineingeben und darin etwa 4 Minuten fritieren, bis sie rundum schön knusprig sind. Mit einer Schaumkelle herausnehmen und auf Küchenpapier abtropfen lassen (siehe Kochtip). Noch heiß servieren.

Schritt 1

Schritt 3

Schritt 4

Zubereiten **25** Min. Quellen **4** Std.
Pro Portion: 425 kcal/1778 kJ;
5 g EW; 41 g F; 9 g KH

TYPISCH NIGERIANISCH
Lebensfreude und Gastfreundschaft werden in den afrikanischen Ländern groß geschrieben. Trifft man sich zum Tanzen und Feiern, wird ganz selbstverständlich auch die Mahlzeit geteilt. Die gewürzten, knusprigen Erbsenbällchen machen die Frauen selbst, man kann sie aber auch als Imbiß fix und fertig kaufen.

KOCHTIP

Falls nicht alle Bällchen auf einmal in den Topf passen, legen Sie eine Platte oder Schale mit einer doppelten Lage Küchenpapier aus und stellen sie bei 50 °C in den Backofen. Die gegarten Bällchen portionsweise herausheben, auf die Platte mit dem Küchenpapier legen und im Ofen bis zum Servieren warm halten.

SERVIERTIP

Spießen Sie die Erbsenbällchen abwechselnd mit frischem Kokosnußfruchtfleisch auf Holzspieße auf.

Als Getränk schmeckt Bier oder leichter Schwarztee mit Honig und Zitronensaft.

Crostini 3 x anders

Schnell zubereitet und appetitanregend sind die beliebten italienischen Klassiker mit den feinen Aufstrichen!

Crostini mit Olivencreme

Zubereiten **25** Min.

Kalabrien

(FÜR 4 PORTIONEN)
- 150 g schwarze entsteinte Oliven
- 1 EL Kapern
- 1 EL Pinienkerne
- 2 TL Tomatenmark
- 2 EL Olivenöl
- 1 TL Zitronensaft
- Salz, schwarzer Pfeffer
- 1 Tomate
- 8 Scheiben Weißbrot

1 Den Backofen auf 250 °C vorheizen. Die Oliven mit den Kapern, den Pinienkernen, dem Tomatenmark und dem Olivenöl mit dem Stabmixer pürieren. Paste mit Zitronensaft, Salz und Pfeffer abschmecken.

2 Die Tomate waschen, halbieren, den Stielansatz herausschneiden. Dann die Kerne entfernen und kleinwürfeln.

3 Die Brotscheiben auf ein Backblech legen und im Ofen (Gas 5; Umluft 230 °C) etwa 5 Minuten rösten. Die heißen Brote mit der Olivenpaste bestreichen und mit den Tomatenwürfeln bestreuen. Sofort servieren.

Crostini mit

Zubereiten **20** Min.

Toskana

(FÜR 4 PORTIONEN)
- 200 g Hühnerleber
- 1 Möhre, 1 kleine Zwiebel
- 1 Stange Sellerie
- 2 EL Olivenöl, 1 EL Butter
- 100 ml trockener Rotwein
- 1 getrocknete rote Chilischote, Salz
- 1 EL Kapern
- 2 EL gehackte Petersilie
- 8 Scheiben Weißbrot
- Petersilienblättchen zum Garnieren

1 Hühnerleber kalt abbrausen, trockentupfen, von feinen Häutchen befreien und grob

Lebercreme

zerkleinern. Möhre und Zwiebel schälen. Sellerie putzen und waschen. Alles fein würfeln.

2 Öl und Butter in einer Pfanne erhitzen. Möhre, Zwiebel und Sellerie darin andünsten. Leber untermischen und kräftig anbraten. Mit Wein ablöschen. Chilischote zerkrümeln und dazugeben. Salzen und zugedeckt bei mittlerer Hitze etwa 10 Minuten köcheln lassen.

3 Kapern fein hacken. Lebermasse mit dem Stabmixer pürieren. Mit Petersilie und Kapern mischen. Creme warm auf die Brote streichen und mit Petersilienblättchen garnieren.

Crostini mit Pilzen

Zubereiten **50** Min.

Trentino

(FÜR 4 PORTIONEN)

- **10 g getrocknete Steinpilze**
- **150 g Egerlinge**
- **2 Frühlingszwiebeln**
- **2 Knoblauchzehen**
- **½ Bund Basilikum**
- **2 EL Olivenöl**
- **1 TL abgeriebene unbehandelte Zitronenschale**
- **Salz, schwarzer Pfeffer**
- **8 Scheiben Weißbrot**
- **125 g Mozzarella**

1 Steinpilze 30 Minuten in lauwarmem Wasser einweichen, dann abtropfen lassen. Egerlinge putzen, feucht abreiben und in feine Scheiben schneiden.

2 Frühlingszwiebeln putzen, waschen, in Ringe schneiden. Knoblauch schälen und hacken. Basilikum waschen und trockenschütteln. Blättchen abzupfen. Einige beiseite legen.

3 Backofen auf 250 °C vorheizen. Öl in einer Pfanne erhitzen. Pilze darin 5 Minuten braten. Frühlingszwiebeln, Knoblauch, Basilikum und Zitronenschale untermischen. Mit Salz und Pfeffer würzen.

4 Pilze auf den Broten verteilen. Mozzarella in Scheiben schneiden, darauf legen. Brote auf einem Blech im Ofen (Gas 5; Umluft 230 °C) 5 Minuten überbacken. Herausnehmen und mit Basilikum garnieren.

GRATINIERTE PAPAYAS MIT HUHN

MEXIKO

Papayas harmonieren ideal mit Herzhaftem. Die Mexikaner füllen sie gerne mit einer würzig-scharfen Hähnchenfüllung und reichen sie als erfrischenden Auftakt zu einem Menü.

ZUTATEN
(Für 4 Portionen)

- 2 reife Papayas (375 g; siehe Kochtip)
- Saft von 1 Limette
- 2 Tomaten
- 1 rote Zwiebel
- 1 Hühnerbrust (siehe Zutatentip)
- 2 EL Butter
- 1 grüne Chilischote
- Salz, schwarzer Pfeffer
- 2 EL Kokosraspel
- 2 EL geriebener Parmesan

AUSSERDEM

- Chili zum Garnieren

ZUTATENTIP

Sehr lecker schmecken die gefüllten Papayas, wenn Sie das Hähnchenfleisch durch gegarte Garnelen ersetzen.

1 Die Papayas waschen und der Länge nach halbieren. Die Kerne mit einem Löffel herauslösen. Danach das Fruchtfleisch auslösen, dabei einen 1 cm dicken Rand stehen lassen. Das Fruchtfleisch fein würfeln. Die Papayahälften mit dem Limettensaft beträufeln.

Schritt 1

2 Die Tomaten kurz blanchieren, enthäuten, entkernen und würfeln. Dann die Zwiebel schälen und fein hacken. Das Hähnchenfleisch möglichst fein zerkleinern.

3 Den Backofen auf 220 °C vorheizen. 1 EL Butter in einer Pfanne zerlassen. Dann das Hähnchenfleisch mit der Zwiebel dazugeben und darin unter Rühren anbraten. Die Tomaten hinzufügen und alles etwas einköcheln lassen. Dann in eine Schüssel füllen.

Schritt 4

4 Die Chilischote aufschlitzen, von Stielansatz sowie Samensträngen befreien, waschen und in feine Ringe schneiden. Die Hähnchenmischung mit Chili und Fruchtfleisch mischen. Mit Salz und Pfeffer würzen und in die Papayahälften füllen. Mit Kokosraspeln und Parmesan bestreuen. Die übrige Butter in Flöckchen darauf verteilen. Im Ofen (Gas 4; Umluft 200 °C) in etwa 15 Minuten überbacken. Mit Chilistreifen garnieren.

Schritt 4

Zubereiten **45** Min. Backen **15** Min.
Pro Portion: 270 kcal/1130 kJ; 16 g EW; 20 g F; 6 g KH

TYPISCH MEXIKANISCH

Die Papaya gehört zur Gattung der Melonenbaumgewächse und reift traubenartig in den Blattachseln der Baumkronen. Die zunächst grüne, noch unreife Frucht nimmt bei Vollreife eine gelbe Farbe an. Der Geschmack der reifen Früchte erinnert an Melonen. Sie werden als Vorspeise sowie gekocht als Beilage gereicht.

Kochtip

Sollten Sie nur unreife Papayas erhalten, können Sie diese dennoch verwenden und wie beschrieben zubereiten. Dafür zuerst die Früchte halbieren und entkernen. Dann in reichlich kochendem Salzwasser zugedeckt bei mittlerer Hitze in etwa 20 Minuten weich kochen. Danach füllen und im Backofen überbacken.

Serviertip

Es sieht besonders dekorativ aus, wenn die Papayahälften auf einem Karambole-Carpaccio angerichtet werden.

Wassermelone pürieren, mit weißem Rum und Mineralwasser auffüllen und eiskalt servieren.

Serviertip Dazu einen pikanten Joghurtdip mit Zitrone, Knoblauch und reichlich Koriander reichen.

Zu den feurigen Tortillas paßt erfrischendes Mineralwasser mit etwas Limettensaft und Eiswürfeln.

Tortillas mit Hackfleischfüllung

Wenn Sie Ihrer Familie einen mexikanischen Abend bieten möchten, liegen Sie mit den Tortillas, die eine aparte Füllung aus Hackfleisch, Tomaten und Mais erhalten, genau richtig.

Mexiko

ZUTATEN
(Für 4 Portionen)

- 1 rote Zwiebel
- 1 Fleischtomate
- 2 grüne Chilischoten
- 1 Dose Maiskörner (285 g Abtropfgewicht)
- ¼ Bund Koriander
- Saft von 1 Limette
- Salz
- Cayennepfeffer
- 2 EL Öl
- 150 g Rinderhackfleisch
- 8-12 Blätter Eisbergsalat
- 4 Tortillas (siehe Zutatentip)

Zutatentip
Tortillas gibt es aus Mais- oder aus Weizenmehl in Spezialitätengeschäften und in gut sortierten Supermärkten bereits fertig zu kaufen.

1 Zwiebel schälen und fein hacken. Tomate waschen und sehr fein zerkleinern. Chilis aufschlitzen, von Stielansätzen sowie Samensträngen befreien, waschen und in feine Ringe schneiden. Die Maiskörner in ein Sieb geben, abtropfen lassen und in einer Schüssel mit dem Stabmixer pürieren.

2 Den Koriander abbrausen, trockenschütteln und die Blättchen abzupfen. Etwas Koriander zum Garnieren beiseite legen, den Rest fein hacken und mit Limettensaft, Zwiebel, Tomate und Chili unter das Maispüree rühren. Mit Salz und Cayennepfeffer würzen.

3 In einer hohen Pfanne 1 EL Öl erhitzen und das Rinderhackfleisch darin unter Rühren krümelig braten. Mit Salz und Cayennepfeffer abschmecken und warm halten. Danach die Salatblätter kurz abbrausen, trockenschütteln und in Streifen schneiden.

4 Restliches Öl in einer beschichteten Pfanne erhitzen. Tortillas darin nacheinander unter Wenden anbraten, bis sie weich und warm sind. Maispüree, Hackfleisch und Salatstreifen mischen und jeweils in die Mitte der Tortillas geben. Dann zusammenklappen und mit dem Koriander garnieren.

Schritt 2

Schritt 3

Schritt 4

Zubereiten **40 Min.**
Pro Portion: 325 kcal/1360 kJ; 16 g EW; 16 g F; 29 g KH

Typisch mexikanisch
Bei einem fröhlichen Fest dürfen in Mexiko Tortillas nicht fehlen. Sie werden auf der offenen Feuerstelle gebacken und als Beilage serviert. Mit einer herzhaften Füllung belegt und zusammengeklappt, lassen sie sich problemlos als leichter Snack aus der Hand essen.

FISCHPASTETE »NEU ENGLAND«

USA

Es muß nicht immer ein festlicher Anlaß sein, um Ihre Freunde oder die Familie mit etwas ganz Besonderem zu verwöhnen. Nicht nur Fischliebhaber werden hier begeistert zugreifen.

ZUTATEN
(Für 4 Portionen)

- 1 EL Butter
- 2 EL Mehl
- 200 ml Fischfond (siehe Kochtip)
- 1 EL Zitronensaft
- Salz, weißer Pfeffer
- 300 g Schollenfilets (siehe Zutatentip)
- 1 EL Schlagsahne
- 1 EL Kapern
- Worcestersauce
- 100 g gegarte Shrimps
- 4 Blätterteigpasteten

AUSSERDEM

- Dill zum Garnieren

ZUTATENTIP

Statt Scholle eignet sich auch ein anderer Fisch. Lassen Sie sich vom Angebot Ihres Fischhändlers inspirieren und greifen Sie nach Belieben zu.

1 Die Butter in einem kleinen Topf erhitzen, das Mehl hinzufügen und unter Rühren hell anschwitzen lassen. Dann den Fischfond angießen und unter Rühren etwa 3 Minuten köcheln lassen. Den Zitronensaft hinzufügen. Mit Salz und Pfeffer abschmecken.

Schritt 1

2 Den Backofen auf 200 °C vorheizen. Das Fischfilet unter fließend kaltem Wasser waschen, mit Küchenpapier trockentupfen und in etwa 1 cm große Würfel schneiden. In die Fischsauce geben und darin in etwa 4 Minuten gar ziehen lassen.

Schritt 2

3 Die Schlagsahne und die Kapern unter die Sauce rühren. Mit Worcestersauce nach Belieben abschmecken. Die Shrimps hinzufügen und in der Sauce kurz erwärmen.

4 Die Pasteten im heißen Ofen (Gas 3; Umluft 180 °C) in etwa 10 Minuten aufbacken. Mit dem Fischragout füllen und dem Dill garnieren. Sofort servieren.

Schritt 4

Zubereiten **35** Min.

Pro Portion: 305 kcal/1276 kJ; 20 g EW; 18 g F; 16 g KH

TYPISCH NEU ENGLAND

Die Küste der Neu-England-Staaten im Osten der USA ist besonders felsig und das Atlantikwasser das ganze Jahr hindurch eiskalt. Dies sind die besten Lebensbedingungen für eine Vielzahl von Fischen und Krustentieren. Der Fischfang ist hier daher traditionell die Einkommensquelle für viele Küstenbewohner.

Kochtip

Fischfond läßt sich problemlos zubereiten und portionsweise einfrieren: Fischabfälle waschen, aus den Köpfen die Kiemen entfernen, sonst wird die Brühe trübe und bitter. Mit kaltem Wasser, Lorbeerblättern, Wacholderbeeren, Zwiebel-, Sellerie- und Tomatenstücken etwa 1 Stunde bei schwacher Hitze köcheln.

Serviertip

Ein bunter Salat mit Tomaten, Mais, Gurken und einem Senf-Honig-Dressing paßt zu den gefüllten Pasteten hervorragend.

Die edle Vorspeise verlangt geradezu nach einem Glas trockenem Champagner oder Sekt.

WARME CHIPS MIT EXOTISCHEN DIPS

AUSTRALIEN

Knusprig fritierte Kartoffelchips werden noch warm serviert und mit zwei Saucen zum Dippen gereicht. Groß und klein werden von der leckeren Knabberei nichts übrig lassen!

ZUTATEN
(Für 6 Portionen)

FÜR DEN MARACUJADIP
- 2 Maracujas (siehe Zutatentip)
- 100 g Salatgurke
- 50 g Schlagsahne
- Salz, Cayennepfeffer

FÜR DEN AVOCADODIP
- 1 Avocado
- 1 kleine Zwiebel
- 1 Knoblauchzehe
- 1 rote Chilischote
- 1 Tomate
- einige Zweige Koriander
- 1 TL Zitronensaft, Salz

FÜR DIE CHIPS
- 750 g längliche, festkochende Kartoffeln
- ¾ l Öl zum Fritieren, Salz

ZUTATENTIP
Maracujas werden auch unter der Bezeichnung Passionsfrucht im Handel angeboten.

1 Für den Maracujadip die Maracujas halbieren und das Fruchtfleisch mit den Kernen herauslösen. Die Gurke schälen und würfeln. Beides mit dem Stabmixer fein pürieren und durch ein Sieb streichen, damit die Kerne entfernt werden. Schlagsahne steif schlagen und unter das Püree heben. Mit Salz und Cayennepfeffer würzen.

Schritt 1

2 Für den Avocadodip die Avocado halbieren. Den Kern entfernen und die Frucht schälen. Fruchtfleisch in einer Schüssel mit einer Gabel zerdrücken. Zwiebel schälen und dazu reiben. Knoblauch schälen und dazupressen. Chili halbieren, putzen, waschen und fein hacken. Tomate waschen und fein schneiden. Dabei den Stielansatz entfernen. Koriander waschen, trockenschütteln und ohne grobe Stiele hacken. Alles mischen, mit Zitronensaft und Salz abschmecken.

Schritt 2

3 Kartoffeln schälen, in feine Scheiben hobeln und trockentupfen. Öl erhitzen. Kartoffelscheiben darin 1 Minute fritieren und herausnehmen. Öl nochmals erhitzen. Kartoffeln darin weitere 2-3 Minuten fritieren. Mit einer Schaumkelle herausnehmen und auf Küchenpapier entfetten (siehe Kochtip). Nach Belieben salzen und mit den Dips servieren.

Schritt 3

Zubereiten 45 Min.
Pro Portion: 335 kcal/1402 kJ; 4 g EW; 25 g F; 24 g KH

TYPISCH AUSTRALISCH
Der Uluru Nationalpark im Northern Territory Australiens zählt zu bekanntesten Landschaften der Welt. Besonders beeindruckend ist Ayers Rock, eine riesiger Fels, der für die Aborigines eine kultische Bedeutung hat und deswegen mit zahlreichen Malereien geschmückt ist – ein »Muß« für jeden Australienbesucher.

Kochtip

Durch das doppelte Fritieren werden die Kartoffelchips knuspriger als wenn man sie nur einmal garen würde. Falls Sie zu Hause eine Friteuse haben, stellen Sie die Temperatur auf 180 °C ein. Darin brauchen Sie die Kartoffelscheiben dann nur einmal zu fritieren, und zwar etwa 6 Minuten lang.

Serviertip

Als Nachtisch können Sie sich einen fruchtig-frischen Gratin gönnen, der aus lockerer Zitronencreme zubereitet wird.

Zu den Kartoffelchips paßt ein frischer australischer Weißwein, etwa ein Riesling.

MANGOLD AUF JAPANISCHE ART

JAPAN

ZUTATEN
(Für 4 Portionen)

- 7 EL Sesamsamen
- 2 TL Miso (siehe Zutatentip)
- 5 EL japanische Sojasauce
- 2 EL Zucker
- 2 EL Reiswein
- 3 EL Reisessig
- 1 TL japanischer Meerrettich (Wasabi)
- 750 g Mangold
- Salz

ZUTATENTIP

Miso ist fermentierte Sojabohnenpaste, die in Japan zum Würzen dient. Es gibt eine hellere süßliche und eine dunkle salzigere Variante. Ebenso wie Wasabi bekommen Sie Miso im Asienladen.

Mangold mit einer fein abgestimmten Sesamsauce ist ein leichter und äußerst bekömmlicher Auftakt für ein japanisches Festessen. Danach können Sie ruhig etwas Deftiges anbieten.

1 Den Sesam in einer beschichteten Pfanne ohne Fett rösten, bis die Samen würzig duften, aber nicht braun sind. Dann herausnehmen und in einem Mörser fein zerstoßen (siehe Kochtip).

2 Den Sesam mit dem Miso, der Sojasauce, dem Zucker, dem Reiswein, dem Essig und dem Meerrettich in einem Schälchen mischen und mit 2-3 EL Wasser verdünnen.

3 Den Mangold putzen, in einzelne Blätter zerteilen und gründlich waschen. Dann die groben Stiele mit einem scharfen Messer entfernen (siehe Kochtip). Die Mangoldblätter quer in etwa 2 cm große Streifen schneiden.

4 In einem großen Topf reichlich Salzwasser zum Kochen bringen. Den Mangold in den Topf geben und darin etwa 3 Minuten sprudelnd kochen lassen. Dann in ein Sieb abgießen. Mit der Hälfte der Sauce mischen und heiß servieren. Die restliche Sauce getrennt dazu reichen.

Schritt 1

Schritt 3

Schritt 4

Zubereiten **30** Min.
Pro Portion: 155 kcal/648 kJ;
6 g EW; 7 g F; 15 g KH

TYPISCH JAPANISCH

Im Kreis der Familie schmeckt das Essen einfach noch einmal so gut. Wenn dann noch – wie in Asien üblich – Vorspeisen und Hauptgerichte mit dem Reis, Saucen und Gewürzen zusammen auf den Tisch kommen und jeder sich im Feuertopf sein eigenes »Süppchen« kocht, dann kann nur Gutes herauskommen.

KOCHTIP

- Wenn Sie keinen Mörser haben, können Sie die Sesamsamen mit dem Miso und der Sojasauce mit dem Stabmixer pürieren.
- Werfen Sie die Stiele nicht weg, denn Sie können zusammen mit Gemüse im Wok oder in einer großen Pfanne zu einem Gemüsegericht zubereitet werden.

SERVIERTIP

Reichen Sie dazu mit Reis und Gemüse gefüllte »Sashimi«, und stellen Sie nach Belieben Sojasauce zum Tunken bereit.

Landestypisch schmeckt dazu grüner Tee oder Reiswein, nach Wunsch leicht erwärmt.

SERVIERTIP Als Hauptgericht bietet sich gebratener Reis mit Rindfleisch und Bambussprossen an.

Als landestypisches Getränk paßt grüner Tee oder auch warmer Reiswein dazu.

WIRSINGPÄCKCHEN MIT TOFU

CHINA

ZUTATEN
(Für 4 Portionen)

- 8 kleine Wirsingblätter
- Salz
- 150 g Tofu
- 2 Knoblauchzehen
- 3 cm frische Ingwerwurzel
- 100 g frische Shiitake-Pilze (siehe Zutatentip)
- 1 EL Öl
- 1 Bund Schnittlauch
- ½ Bund Frühlingszwiebeln
- ½-1 EL Sojasauce
- 2 TL Speisestärke

AUSSERDEM

- 2 EL süß-scharfe Chilisauce
- 1 EL Sojasauce
- 2 TL Sesamöl

ZUTATENTIP

Shiitake-Pilze schmecken frisch sehr aromatisch. Sollten Sie keine erhalten, nehmen Sie statt dessen Austernpilze.

Zarte Wirsingpäckchen, mit einer Füllung aus Tofu, Pilzen und asiatischen Gewürzen, werden über heißem Dampf gegart – eine Vorspeise, die durch Chilisauce noch exquisiter wird.

1 Wirsingblätter waschen und in reichlich Salzwasser etwa 2 Minuten blanchieren. In ein Sieb abgießen, abschrecken und abtropfen lassen. Tofu in einem Sieb abtropfen lassen und mit einer Gabel fein zerdrücken.

2 Knoblauch und Ingwer schälen und fein hacken. Pilze putzen, mit einem feuchten Tuch abreiben und fein würfeln. Dann Öl in einer Pfanne erhitzen. Pilze darin bei mittlerer Hitze unter Rühren etwa 5 Minuten dünsten.

3 Schnittlauch waschen, trockenschütteln, in ½ cm lange Röllchen schneiden. Von den Frühlingszwiebeln die Wurzeln und das grüne Ende entfernen, waschen und kleinschneiden. Beides mit Pilzen, Knoblauch, Ingwer, Sojasauce und Speisestärke unter den Tofu mischen und mit Salz abschmecken.

4 Je 2 Wirsingblätter halb übereinander legen. In die Mitte etwas Tofumasse geben. Die Blätter über der Füllung zusammenklappen und mit den Nahtstellen nach unten in einen Dämpfeinsatz legen. Über heißem Wasserdampf etwa 15 Minuten garen. Inzwischen die Chilisauce mit der Sojasauce, dem Sesamöl und 3 EL Wasser verrühren. Zu den Wirsingpäckchen servieren.

Schritt 2

Schritt 3

Schritt 4

Zubereiten **45** Min. Garen **15** Min.
Pro Portion: 150 kcal/627 kJ;
8 g EW; 8 g F; 12 g KH

TYPISCH CHINESISCH

Ohne Reis keine Mahlzeit – das gilt in China ebenso wie im übrigen Asien. Kein Wunder, wächst er dort doch seit Tausenden von Jahren. Zum Gedeihen braucht er Wärme und vor allem Feuchtigkeit. Daher werden die Setzlinge schon vor dem Einpflanzen gewässert.

Chinesische Kartoffelbirnen

China

Dekorative Birnen, aus feinem Kartoffelteig geformt, mit Garnelenfüllung und in Öl knusprig ausgebacken, erfreuen nicht nur das Auge, sondern sind auch echte Gaumenschmeichler.

ZUTATEN
(Für 6 Portionen)

- 500 g mehligkochende Kartoffeln (siehe Zutatentip)
- 50 g Kartoffelmehl
- 2 Eigelbe
- 2 TL Butter
- Salz, schwarzer Pfeffer
- 200 g gegarte geschälte Garnelen
- ½ EL Zitronensaft

AUSSERDEM

- 1 Ei
- 70 g Semmelbrösel
- ¾ l Öl zum Fritieren

Zutatentip

Damit der Teig gut zusammenhält, müssen die Kartoffeln wirklich mehligkochend sein. Festkochende Kartoffeln eignen sich nicht dafür.

1 Die Kartoffeln waschen, ungeschält in wenig Wasser in etwa 30 Minuten weich kochen. Abgießen, kurz ausdämpfen lassen und noch heiß durch die Kartoffelpresse drücken. Mit dem Kartoffelmehl, den Eigelben, der Butter, Salz und Pfeffer zu einem geschmeidigen Teig verarbeiten.

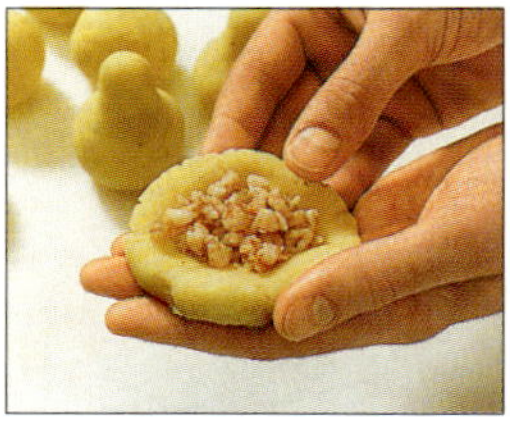

Schritt 2

2 Für die Stiele der Birnen 12 Garnelen beiseite legen. Die übrigen Garnelen fein hacken, mit Zitronensaft und Pfeffer würzen. Den Kartoffelteig in 12 Stücke teilen, jeweils auf der Hand zu einem Fladen formen, mit etwas Garnelenmasse bedecken und darüber zusammenklappen.

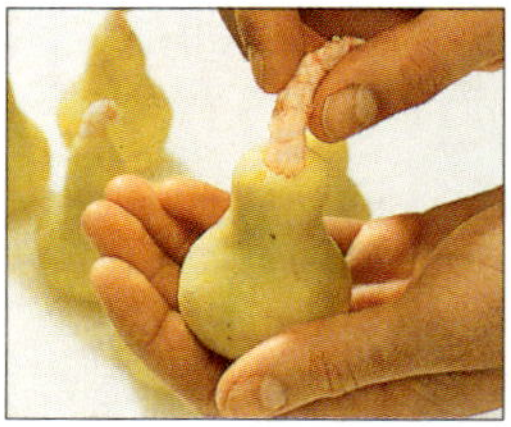

Schritt 3

3 Die Kartoffelmasse zu einer Birne formen. Am oberen Ende als Stiel je 1 Garnele einstecken. Zum Panieren das Ei verquirlen, die Semmelbrösel in eine Schüssel geben.

Schritt 4

4 Die Kartoffelbirnen mit dem Ei bestreichen, rundherum gut in den Semmelbröseln wenden. Das Öl in einem weiten Topf erhitzen. Die Birnen darin portionsweise in etwa 4-5 Minuten rundum knusprig fritieren (siehe Kochtip). Mit einer Schaumkelle herausnehmen und auf Küchenpapier entfetten.

Zubereiten 45 Min. Garen 30 Min.
Pro Portion: 485 kcal/2029 kJ;
12 g EW; 39 g F; 21 g KH

Typisch chinesisch

Wer in China zwischendurch Appetit auf etwas Herzhaftes oder Süßes bekommt, muß nicht lange darben. In den unzähligen Garküchen gibt es nicht nur die unterschiedlichsten Kleinigkeiten, der Kunde kann sogar Wünsche äußern und sich seine Mahlzeit ganz nach Belieben zusammenstellen und zubereiten lassen.

Kochtip

Die Kartoffelbirnen können Sie nicht auf einmal fritieren. Das Fett würde dabei zu sehr abkühlen und die Birnen sich zu sehr mit dem Fett vollsaugen. Heizen Sie deshalb den Backofen auf 50 °C vor, und geben Sie dann die gebackenen Birnen jeweils auf einer Platte hinein. Fritieren Sie immer nur 4 Birnen gleichzeitig.

Serviertip

Dazu paßt eine scharfe Tomatensauce mit reichlich kleingehacktem Chili und frischen Korianderblättchen.

Zum Trinken eignet sich am besten Jasmintee oder chinesisches Bier zu der leckeren Vorspeise.

Rote-Beten-Kürbis-Fladen »Madras«

Indien

Die indische Küche ist bekannt für ihre vegetarischen Spezialitäten, die stets vorzüglich gewürzt sind. Das beweisen auch die goldbraun gebratenen Gemüseplätzchen sehr eindrucksvoll.

ZUTATEN
(Für 4 Portionen)

- 400 g mehligkochende Kartoffeln
- 150 g rote Beten (siehe Kochtip)
- 150 g Kürbisfleisch
- 1 TL Salz
- 3 Zwiebeln
- 4 EL Butterschmalz
- 2 Zweige Minze
- 1 TL gemahlener Koriander
- ½ TL Chilipulver
- 1 TL Paprikapulver (siehe Zutatentip)
- 1 Ei
- 2 EL Milch
- 70 g Semmelbrösel

Zutatentip
Paprikapulver gibt es in verschiedenen Sorten. Je nachdem wie scharf Sie gerne essen, können Sie das feurige rosenscharfe oder das milde edelsüße verwenden.

1 Die Kartoffeln, die roten Beten und den Kürbis waschen, schälen und kleinwürfeln. In einen Topf mit ¼ l Wasser und dem Salz aufkochen lassen. Zugedeckt bei mittlerer Hitze in etwa 10 Minuten weich kochen. In ein Sieb gießen und gut abtropfen lassen.

Schritt 1

2 Inzwischen Zwiebeln schälen und fein hacken. In einer Pfanne 1 EL Schmalz erhitzen. Zwiebeln darin bei mittlerer Hitze in etwa 10 Minuten goldbraun rösten. Minze abbrausen, trockenschütteln. Einige Blättchen beiseite legen. Den Rest ohne grobe Stiele in Streifen schneiden.

Schritt 3

3 Das Gemüse durch die Kartoffelpresse drücken (siehe Kochtip). Die Zwiebeln, den Koriander, das Chili- und das Paprikapulver mit der Minze unter die Masse mischen. Alles mit Salz würzen.

Schritt 4

4 Aus der Masse kleine Bällchen formen und etwas flachdrücken. Ei mit Milch in einem Teller verquirlen. Die Semmelbrösel in einen zweiten Teller geben. Die Fladen zuerst im Ei, dann in den Bröseln wenden. Restliches Schmalz in 2 Pfannen erhitzen. Die Fladen darin bei mittlerer Hitze beidseitig je 5 Minuten braten. Mit Minze garnieren.

Zubereiten **1** Std. **15** Min.
Pro Portion: 380 kcal/1590 kJ;
8 g EW; 29 g F; 22 g KH

Typisch indisch
Der Süden Indiens ist so fruchtbar, daß hier vieles gedeiht: Getreide und Gemüse ebenso wie feine Gewürze, Nüsse und tropische Früchte. Daß man die Gemüseküche gerade hier besonders pflegt, liegt nicht zuletzt daran, daß im Süden besonders viele Menschen vegetarische Gerichte bevorzugt essen.

Kochtip

- Durch die roten Beten färben sich die Pflänzchen rot. Wer das nicht mag, läßt die roten Beten weg und nimmt statt dessen mehr Kürbis oder Möhren.
- Das Gemüse sollten Sie wirklich durch die Presse drücken und nicht im Mixer zerkleinern, die Masse wird sonst sehr zäh.

Serviertip

Dekorativ sehen die Gemüsepflänzchen aus, wenn sie auf blanchiertem Blattspinat serviert werden.

Als Getränk paßt ein kühler Joghurtdrink, der mit frisch geriebener Ingwerwurzel verfeinert wurde.

FLAN 3 x ANDERS

Ein feiner Gemüseflan als raffinierte Vorspeise ist wunderbar leicht und zart. Lauwarm schmeckt er am allerbesten.

GRÜNER ERBSENFLAN

Zubereiten **15** Min. Garen **20** Min.

GROSSBRITANNIEN

(FÜR 4 TIMBALE-FÖRMCHEN, 6,5 CM Ø)

- 400 g gepalte Erbsen
- Salz, weißer Pfeffer
- 2 Eier, 150 g Crème double
- 1 TL Zitronensaft
- 4 Zweige Minze
- 1-2 EL Weißweinessig
- 2 TL Zucker
- Butter für die Förmchen

1 Erbsen mit Salz und wenig Wasser in einem Topf zum Kochen bringen. Zugedeckt bei mittlerer Hitze in etwa 15 Minuten weich kochen. Den Backofen auf 150 °C vorheizen.

2 Erbsen abgießen, abtropfen lassen, bis auf einige alle pürieren. Püree mit Eiern und Crème double mischen. Ganze Erbsen unterziehen, Zitronensaft dazugeben, salzen und pfeffern.

3 Förmchen ausfetten. Püree einfüllen. In eine Form mit heißem Wasser stellen. Im Ofen (Gas 1; Umluft 130 °C) in etwa 20 Minuten stocken lassen.

4 Minze waschen, trockenschütteln, 3 Zweige hacken. Mit Essig, 1 EL Wasser und Zukker pürieren, salzen. Flans stürzen. Mit Sauce umgießen. Mit dem Minzezweig garnieren.

MÖHRENFLAN

Zubereiten **40** Min.

ITALIEN

(FÜR 4 SOUFFLÉ-FÖRMCHEN, 8 CM Ø)

- 500 g Möhren
- 200 ml Milch
- Salz, schwarzer Pfeffer
- 4 Stangen grüner Spargel
- 2 EL gehackte Petersilie
- 6 Eigelbe, 1 TL Kapern
- Butter für die Förmchen
- 1 Fleischtomate, 1 EL Öl
- 1 EL Aceto balsamico
- Basilikumblättchen zum Garnieren

1 Möhren putzen, schälen und würfeln. Mit Milch und Salz zum Kochen bringen und zugedeckt bei schwacher Hitze in etwa 20 Minuten weich kochen.

Bunter Gemüseflan

Zubereiten **30** Min. Garen **30** Min.

Österreich

(Für 4 Timbale-Förmchen, 10 cm Ø)

- 400 g Wurzelgemüse (Petersilienwurzel, Möhren und Knollensellerie)
- 100 ml Gemüsebrühe
- 1 kleines Bund Petersilie
- 2 EL Quark, 2 Eier
- 3 TL geriebener Meerrettich
- Salz, schwarzer Pfeffer
- 1 Apfel, 150 g saure Sahne
- 1 EL Schnittlauchröllchen
- Fett für die Form

1 Gemüse putzen, schälen und kleinwürfeln. Mit der Brühe in einem Topf zum Kochen bringen. Zugedeckt bei schwacher Hitze 15 Minuten garen. Backofen auf 150 °C vorheizen.

2 Bis auf 1 EL Gemüse alles mit der Flüssigkeit pürieren. Petersilie waschen, trockenschütteln. Etwas davon beiseite legen, den Rest hacken. Mit Quark, Eiern und 1 TL Meerrettich unter das Püree mischen. Mit Salz und Pfeffer würzen.

3 Förmchen ausfetten, Püree einfüllen. In eine Form mit heißem Wasser stellen. Im Ofen (Gas 1; Umluft 130 °C) in etwa 30 Minuten stocken lassen.

4 Apfel schälen, vierteln und vom Kerngehäuse befreien. Mit saurer Sahne und restlichem Gemüse pürieren. Mit übrigem Meerrettich, Salz und Pfeffer würzen. Schnittlauch untermischen. Die Flans stürzen. Mit Sauce umgießen und mit restlicher Petersilie garnieren.

Mit Spargel

Garen **20** Min.

2 In einem Topf Salzwasser zum Kochen bringen. Spargel waschen, im unteren Drittel schälen, 5 Minuten darin garen. Kalt abschrecken und würfeln.

3 Backofen auf 160 °C vorheizen. Möhren mit Flüssigkeit pürieren. Mit Spargel, Petersilie, Eigelben und Kapern mischen. Mit Salz und Pfeffer würzen. Förmchen ausfetten und Masse einfüllen. Förmchen in eine Auflaufform mit heißem Wasser stellen. Im Ofen (Gas 1; Umluft 140 °C) etwa 20 Minuten garen.

4 Tomate waschen und ohne den Stielansatz fein würfeln. Mit Öl, Essig, Salz und Pfeffer mischen. Flans stürzen, mit Tomate und Basilikum garnieren.

*B*LINIS MIT FRISCHKÄSE UND LACHS

RUSSLAND

Buchweizenpfannkuchen mit einem herzhaften Belag aus Frischkäse, Lachs und Gurke sind in Rußland eine typische Vorspeise, die man auch als kleine Mahlzeit reichen kann.

ZUTATEN
(Für 6 Portionen)

FÜR DEN TEIG
- 200 ml Milch
- 10 g frische Hefe
- 1 EL Zucker
- 80 g Buchweizenmehl (siehe Zutatentip)
- 80 g Weizenmehl
- 1 Prise Salz
- 50 g saure Sahne, 1 Ei
- Öl zum Braten

FÜR DEN BELAG
- 200 g Räucherlachs
- 1 Stück Salatgurke (etwa 200 g)
- 2 Senfgurken
- 1 Bund Dill
- 400 g körniger Frischkäse
- Salz, schwarzer Pfeffer

ZUTATENTIP
Buchweizenmehl gibt es im Reformhaus oder Naturkostladen. Lassen Sie sich die benötigte Menge frisch mahlen.

1 Für den Teig die Milch in einem Topf leicht erwärmen. Dann die Hefe zerbröckeln und mit dem Zucker und der Milch verrühren. Zugedeckt 10 Minuten gehen lassen. Zusammen mit beiden Mehlsorten, Salz und saurer Sahne zu einem Teig verkneten. Zugedeckt über Nacht in den Kühlschrank stellen (siehe Kochtip). Am nächsten Tag den Teig noch einmal durchkneten, das Ei untermischen und 30 Minuten gehen lassen.

Schritt 1

2 Inzwischen für den Belag den Lachs in kleine Würfel schneiden. Die Salatgurke schälen und mit den Senfgurken ebenfalls fein hacken. Den Dill waschen, trockenschütteln, die Spitzen abzupfen und fein schneiden. Alles mit dem Frischkäse mischen. Mit Pfeffer und Salz abschmecken.

Schritt 2

3 Aus dem Teig mit einem Eßlöffel Portionen abstechen, zu Fladen (10 cm Ø) formen. In einer Pfanne etwas Öl erhitzen. Die Fladen in die Pfanne setzen und darin etwa 2 Minuten bei mittlerer Hitze braten. Dann wenden und weitere 2 Minuten braten. Aus dem restlichen Teig ebenfalls Blinis backen und jeweils etwas Öl in die Pfanne geben. Fertige Blinis warm halten (siehe Kochtip). Die Blinis mit dem Frischkäse servieren.

Schritt 3

Zubereiten **1** Std. Ruhen **8** Std.
Pro Portion: 550 kcal/2301 kJ; 22 g EW; 39 g F; 38 g KH

TYPISCH RUSSISCH
Die Russen sind ein lebenslustiges Volk, das gerne feiert. Während zu besonders hohen Festen Blinis mit Kaviar auf dem Tisch stehen, serviert man die knusprigen Buchweizenpfannkuchen bei geringeren Anlässen oft mit Käse oder Gemüse. Ganz wichtig: Die Blinis sollten immer ganz frisch aus der Pfanne sein.

Kochtip

- Erst durch das Gehen über Nacht kommt der säuerliche Geschmack des Buchweizens richtig zur Geltung. Wenn es schnell gehen muß, lassen Sie den Teig etwa 1 Stunde bei Zimmertemperatur gehen.
- Halten Sie die fertigen Blinis, in ein Küchentuch gewickelt, im Backofen bei 50 °C warm.

Serviertip

Als attraktive Variante können Sie etwas größere Blinis backen und die Frischkäsemischung darin einrollen.

Dazu harmoniert ein Glas Sekt, etwa ein Krimsekt, ideal. Sie können aber auch Wodka anbieten.

Serviertip Tomaten-Paprika-Salat mit einer Kräuter-Vinaigrette paßt gut zu den Spießen.

Diese Vorspeise verlangt nach einem kühlen Pils oder einem Gläschen trockenem Rotwein.

UNGARISCHE KÄSESPIESSE

UNGARN

Mit dieser Spezialität aus Ungarn werden Sie bestimmt Aufsehen erregen – hinter einer zarten Teighülle verstecken sich nicht nur Käsescheiben, sondern auch eine würzige Füllung!

ZUTATEN
(Für 4 Portionen)

FÜR DIE SPIESSE

- 100 g Schweinefilet (siehe Zutatentip)
- 1 kleine grüne Paprikaschote, 1 Zwiebel
- 1 EL Butterschmalz
- 1 TL scharfes Paprikapulver
- Salz, ½ Bund Petersilie
- 8 dünne Scheiben Hartkäse
- 8 Holzspieße
- etwa 32 stabile Schnittlauchhalme

FÜR DEN TEIG

- 150 g Mehl
- ⅛ l Fleischbrühe
- 2 EL Öl, 2 Eigelbe, Salz
- ½ l Öl zum Fritieren

ZUTATENTIP

Wer die Spieße vegetarisch mag, kann das Schweinefilet weglassen und zusätzlich 1 rote Paprika nehmen.

1 Das Schweinefilet trockentupfen und fein würfeln. Die Paprikaschote halbieren, von Stielansatz sowie Samensträngen befreien, waschen und kleinwürfeln. Die Zwiebel schälen und hacken. Das Schmalz in einer Pfanne erhitzen. Das Fleisch mit der Paprika und der Zwiebel darin unter Rühren bei starker Hitze 3-5 Minuten braten.

Schritt 1

2 Die Fleischmischung in eine Schüssel geben und mit Paprikapulver und Salz würzen. Die Petersilie waschen, trockenschütteln und ohne die groben Stiele hacken, dann untermischen und alles abkühlen lassen.

Schritt 2

3 Die Käsescheiben halbieren und kreuzweise übereinanderlegen. Dann 1 TL Füllung in die Mitte geben. Die Enden zusammenklappen und mit je 1 Schnittlauchhalm zusammenbinden. Die Päckchen auf einen Spieß stecken. Für den Teig Mehl mit Brühe, Öl, Eigelben und Salz verrühren.

Schritt 3

4 Das Fett in einem weiten Topf erhitzen. Die Käsespieße durch den Teig ziehen und in das heiße Fett geben. In etwa 3 Minuten darin rundherum knusprig ausbacken. Auf Küchenpapier abtropfen lassen und noch heiß servieren.

Zubereiten **55** Min.
Pro Portion: 505 kcal/2113 kJ;
28 g EW; 34 g F; 32 g KH

TYPISCH UNGARISCH

Im Stadtteil Pest von Budapest befindet sich die Kettenbrücke, die über die Donau führt. Unter ihr herrscht reger Schiffsverkehr. Auf den Schiffen werden unter anderem typisch ungarische Nahrungsmittel, wie Paprikaschoten, Käse und gewürzte Würste sowie Wein, transportiert.

Auberginen mit Gruyère und Schinken

Schweiz

Eine Vorspeise, die wenig Arbeit macht und herrlich schmeckt: Auberginenscheiben werden mit einem saftigen Belag aus Schinken, Gruyère und Tomaten im Ofen goldgelb überbacken.

ZUTATEN
(Für 4 Portionen)

- 1 Aubergine
- Salz, schwarzer Pfeffer
- 1 Tomate
- 150 g gekochter Schinken am Stück
- 150 g Gruyère (siehe Zutatentip)
- 1 kleines Bund Petersilie
- 1 EL Semmelbrösel

AUSSERDEM

- Öl für das Blech

Zutatentip

Gruyère ist ein feinlöchriger, würziger Hartkäse aus der Westschweiz und dem Jura. Er wird auch unter der Bezeichnung Greyerzer verkauft und schmeckt würziger als Emmentaler. Man kann ihn durch Appenzeller ersetzen.

1 Die Aubergine waschen, den Stielansatz abschneiden, dann die Aubergine quer in etwa ½ cm dicke Scheiben schneiden. Ein Backblech mit Öl einfetten. Die Auberginenscheiben nebeneinander darauf legen und mit Salz bestreuen (siehe Kochtip).

Schritt 1

2 Den Backofen auf 200 °C vorheizen. Die Tomate waschen und kleinwürfeln. Den Schinken vom Fettrand befreien und den Käse entrinden. Schinken und Käse kleinwürfeln. Die Petersilie abbrausen, trockenschütteln und ohne die groben Stiele fein hacken.

Schritt 2

3 Die Auberginenscheiben mit Küchenpapier trockentupfen. Die Tomate mit dem Käse, dem Schinken, der Petersilie und den Semmelbröseln mischen. Mit Salz und Pfeffer würzen (siehe Kochtip).

4 Die Schinken-Käse-Masse mit einem Löffel auf die Auberginenscheiben geben. Im Ofen (Gas 2; Umluft 160 °C) etwa 20 Minuten überbacken, bis der Belag geschmolzen und schön gebräunt ist.

Schritt 4

Zubereiten 25 Min. Backen 20 Min.
Pro Portion: 300 kcal/1255 kJ;
19 g EW; 24 g F; 2 g KH

Typisch schweizerisch

Im Wallis, einer der berühmtesten Käseregionen der Schweiz, findet man hier und da noch einen Bauern, der seinen Käse, meist Hartkäse, aus frischer Almmilch selbst herstellt. Und zwar so, wie es seit Generationen in der Familie üblich war – über dem offenen Feuer in einem riesigen, schweren Kessel.

Kochtip

- Das Salzen der Auberginen bewirkt, daß ihnen Wasser entzogen wird, dadurch wird das Fruchtfleisch fester. Danach stets trockentupfen.
- Salzen Sie die Schinken-Käse-Masse nur ganz vorsichtig, denn sowohl der Schinken als auch der Käse enthalten reichlich Salz.

Serviertip

Dazu einen Teller mit Bündner Fleisch und reichlich frischgebackenem Walnußbrot anbieten.

Als Getränk paßt zu der deftigen Vorspeise ein Glas Rotwein, zum Beispiel ein Schweizer Dôle.

GEMÜSESOUFFLÉ »KÄRNTNER ART«

ÖSTERREICH

ZUTATEN

(Für 2 Förmchen; 10 cm Ø)

FÜR DAS SOUFFLÉ

- 250 g gemischtes Gemüse (Kohlrabi, Möhren und Knollensellerie)
- 500 g Spinat
- Salz, weißer Pfeffer
- 1 Zwiebel
- 70 g Butter
- geriebene Muskatnuß
- 30 g Mehl
- ¼ l Milch
- 4 Eier
- 50 g geriebener Käse (siehe Zutatentip)

AUSSERDEM

- Fett für die Förmchen

ZUTATENTIP

Für dieses Rezept eignet sich Emmentaler oder Gouda. Wer es würziger mag, verwendet Gruyère oder einen Bergkäse.

Bunte Gemüsewürfel werden in einer fein abgeschmeckten Spinat-Käse-Masse im Ofen zu lockeren Soufflés gebacken. Das ergibt einen edlen Auftakt für ein leichtes Sommermenü.

1 Für das Soufflé Kohlrabi, Möhren und Sellerie waschen, putzen, schälen und kleinwürfeln. Spinat verlesen und waschen. Reichlich Salzwasser zum Kochen bringen und die Kohlrabi-, Möhren- und Selleriewürfel darin 3 Minuten blanchieren, herausnehmen. Spinat 1-2 Minuten blanchieren, abschrecken, abtropfen lassen, ausdrücken und kleinhacken.

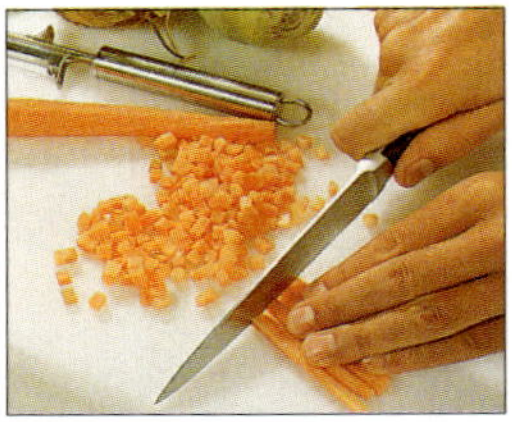

Schritt 1

2 Die Zwiebel schälen und kleinwürfeln. In einem Topf 20 g Butter erhitzen und die Zwiebel darin andünsten. Den Spinat hinzufügen. Unter Rühren etwa 3 Minuten dünsten, bis die Flüssigkeit verdampft ist. Dann mit Salz, Pfeffer und Muskat abschmecken und abkühlen lassen. Den Backofen auf 180 °C vorheizen. Die Soufflèförmchen ausfetten.

Schritt 2

3 Die übrige Butter in einem Topf erhitzen. Das Mehl und die Milch dazugeben und eine Béchamelsauce zubereiten (siehe Kochtip). Mit Salz und Pfeffer würzen. Die Eier trennen und die Eigelbe nach und nach unter die Sauce rühren. Das Gemüse und den Käse untermischen. Die Eiweiße steif schlagen und unterheben. Die Masse in die Förmchen füllen. Im Ofen (Gas 2; Umluft 160 °C) auf der unteren Schiene etwa 40 Minuten backen.

Schritt 3

Zubereiten **1** Std. Backen **40** Min.

Pro Portion: 475 kcal/1987 kJ;
22 g EW; 35 g F; 18 g KH

TYPISCH ÖSTERREICHISCH

Ob sich der Bauernbub schon auf das luftige Soufflé aus dem würzigen Almkäse freut? Wer wie er und viele andere Almbauern schon frühmorgens die Kühe melken geht und Käse und Speck auf dem Hof selbst herstellt, hat jedenfalls nach getaner Arbeit bestimmt einen wohlverdienten gesunden Appetit.

Kochtip

Für eine Béchamelsauce wird die Butter zerlassen. Dann fügt man das Mehl hinzu und schwitzt es an, bis es goldgelb ist. Nun die Milch unter ständigem Rühren dazugeben und die Sauce bei schwacher bis mittlerer Hitze etwa 10 Minuten köcheln lassen. Dabei wird sie dickflüssig und verliert den Mehlgeschmack.

Serviertip

Zum lockeren Käsesoufflé einen gemischten Brotkorb aus Kümmel-, Mohn- und Käsestangen servieren.

Als Getränk einen frischen Weißwein, zum Beispiel einen grünen Veltliner, anbieten.

Badischer Spargel mit Vinaigrette

Deutschland

Weißer und grüner Spargel werden bißfest gegart und mit einer Kräuter-Vinaigrette serviert – eine Vorspeise, die sich gut vorbereiten läßt und einfach unwiderstehlich schmeckt.

ZUTATEN
(Für 4 Portionen)

- 400 g grüner Spargel
- 400 g weißer Spargel
- 1 unbehandelte Zitrone
- Salz
- 1 Prise Zucker
- 1 Handvoll Kerbel (siehe Zutatentip)
- ½ Bund Petersilie
- 2 EL Raps- oder Sonnenblumenöl
- 2 TL scharfer Senf
- 1 EL Weißweinessig

Zutatentip

Kerbel ist im Frühjahr das erste Kraut, das frisch auf den Markt kommt. Zum zarten Spargel paßt sein feinsäuerliches Aroma besonders gut.

1 Den Spargel waschen. Die Enden vom grünen Spargel entfernen und nur am unteren Drittel schälen. Den weißen Spargel von oben nach unten gründlich schälen und die Enden wegschneiden. Die Zitrone waschen und in dünne Scheiben schneiden.

2 In einem Wok oder weiten Topf reichlich Wasser mit den Zitronenscheiben, 1 Prise Salz und dem Zucker zum Kochen bringen. Den grünen Spargel ins Kochwasser geben und in etwa 10 Minuten bißfest garen (siehe Kochtip). Herausnehmen, abtropfen lassen. Den weißen Spargel ins Spargelwasser geben. In etwa 15 Minuten bißfest garen, dann aus dem Topf nehmen und abtropfen lassen. Vom Spargelwasser 50 ml abnehmen.

3 Inzwischen den Kerbel und die Petersilie waschen und trockenschütteln. Dann die Blättchen abzupfen, einige Blättchen beiseite legen. Den Rest fein hacken.

4 Weißen und grünen Spargel zusammen auf einer Platte anrichten. In einem Topf Öl mit Senf erwärmen. Abgenommenes Spargelwasser untermischen. Mit Essig, Salz und Pfeffer würzen, die Kräuter untermischen. Auf dem Spargel verteilen.

Schritt 2

Schritt 3

Schritt 4

Zubereiten **15** Min. Garen **25** Min.
Pro Portion: 75 kcal/314 kJ;
2 g EW; 8 g F; 2 g KH

Typisch deutsch

Die Spargelzeit ist kurz, die Arbeit beim Spargelstechen erfordert ein gehöriges Maß an Fingerspitzengefühl und der Lohn der Mühe ist wahrlich groß: Kaum ein Gemüse ist während der kurzen Saison so begehrt wie der Spargel. Am besten schmeckt er natürlich an dem Tag, an dem er frisch gestochen wurde.

KOCHTIP

Damit der Spargel im Ganzen in den Topf paßt, muß der Topf breit sein. Gut geeignet ist dafür ein Wok, denn er ist oben sehr weit. Außerdem benötigt man wegen seiner Form wenig Wasser zum Kochen. Deshalb wird der Spargelsud besonders schmackhaft und eignet sich wunderbar zur Zubereitung der Sauce.

SERVIERTIP

Zum Nachtisch gibt es Pfannkuchentörtchen, die eine Füllung aus Beeren und Schlagsahne enthalten.

Zum Spargel paßt Weißwein, zum Beispiel ein Riesling oder auch einen Chablis aus Frankreich.

CHICORÉE-CREMESUPPE

BELGIEN

Diese Suppe beweist, wie erfinderisch die belgische Küche sein kann. Fein-herber Chicorée bildet die Grundlage, Speckwürfel und aromatische Kräuter runden den Geschmack perfekt ab.

ZUTATEN
(Für 4 Portionen)

- 600 g Chicorée
- 1 weiße Zwiebel
- 100 g Frühstücksspeck (Bacon; siehe Zutatentip)
- 1 EL Butter
- 1 EL Mehl
- 700 ml Gemüsebrühe
- 200 g Schlagsahne
- ½ Bund Dill
- ½ Bund Petersilie
- Salz, schwarzer Pfeffer
- 1 TL Zitronensaft

ZUTATENTIP
Bacon gibt es im Supermarkt bereits aufgeschnitten in der Kühltheke zu kaufen. Er läßt sich viel leichter würfeln als Speck am Stück.

1 Den Chicorée waschen. Den Strunk keilförmig herausschneiden und den Chicorée in Streifen schneiden (siehe Kochtip). Die Zwiebel schälen und mit dem Speck in feine Würfel schneiden.

2 Die Zwiebel und die Speckwürfel mit der Butter in einen großen Topf geben und bei mittlerer Hitze unter Rühren braten, bis die Zwiebelwürfel glasig und die Speckwürfel ausgebraten sind.

3 Den Chicorée hinzufügen und kurz andünsten. Mit dem Mehl bestäuben und alles kurz anschwitzen lassen. Die Brühe und die Sahne angießen und die Suppe etwa 10 Minuten köcheln lassen.

4 Inzwischen die Kräuter waschen, trockenschütteln und ohne die groben Stiele fein hacken. Die Suppe mit dem Stabmixer pürieren. Mit Salz, Pfeffer und dem Zitronensaft abschmecken. Mit den Kräutern bestreuen und in vorgewärmten Tellern servieren.

Schritt 1

Schritt 3

Schritt 4

Zubereiten **40** Min.
Pro Portion: 420 kcal/1757 kJ;
8 g EW; 38 g F; 12 g KH

TYPISCH BELGISCH
Als Nationalgemüse der Belgier kommt der feinherbe Chicorée in zahlreichen Gerichten zu kulinarischen Ehren. Ob mit Schinken überbacken, geschmort oder zu einer feinen Suppe verarbeitet, wichtig ist vor allem eines: Die Chicoréestauden müssen beim Kauf zart gelb und immer fest geschlossen sein.

Kochtip

Der Strunk sollte aus dem Chicorée entfernt werden, denn er enthält reichlich Bitterstoffe. Noch leichter geht es, wenn Sie die Chicoréestauden längs durchschneiden und den Strunk dann herauslösen. Ist die Suppe dennoch einmal zu bitter, können Sie einfach etwas Zucker hinzufügen. Das macht sie milder.

Serviertip

Reichen Sie danach ein gebratenes Schweinekotelett und ein Gratin aus Tomaten, Zucchini, Zwiebeln und Käse.

Die Belgier sind ausgesprochene Biertrinker. Doch Weinliebhaber können auch Rosé dazu trinken.

SERVIERTIP Als Hauptspeise mundet frischer Lachs im Blätterteigmantel mit cremiger Dillsauce.

Ein trockener Chablis oder ein weißer Bordeaux harmonieren perfekt mit den Muscheln.

Muscheln in Wein-Minze-Sud

Grossbritannien

Wenn Sie gerne Muscheln essen, sollten Sie unbedingt dieses typisch englische Rezept ausprobieren. Am besten Sie bestellen die Muscheln dafür rechtzeitig bei Ihrem Fischhändler vor!

ZUTATEN
(Für 4 Portionen)

- 1,5 kg Miesmuscheln (siehe Zutatentip)
- 1 kleine Möhre
- 1 dünne Stange Lauch
- 2 Zwiebeln
- 2 Knoblauchzehen
- 1 kleines Bund Petersilie
- je 3-4 Zweige Minze und Estragon
- ⅜ l trockener Weißwein
- Salz, weißer Pfeffer
- 1-2 EL Crème fraîche

Zutatentip

Muscheln wurden früher nur in den Monaten angeboten, deren Namen mit »r« endet. Aber inzwischen erhält man das ganze Jahr über Muscheln aus kälteren Gewässern.

1 Die Muscheln unter fließend kaltem Wasser gründlich bürsten. Bereits geöffnete Muscheln wegwerfen. Die Möhre putzen, schälen und kleinwürfeln. Von der Lauchstange die Wurzeln und das grüne Ende entfernen, der Länge nach aufschneiden, waschen und kleinwürfeln. Die Zwiebeln und den Knoblauch schälen und fein hacken. Die Kräuter waschen und trockenschütteln. Die Blättchen abzupfen. Einen Teil davon beiseite legen, den Rest hacken.

Schritt 1

2 Den Wein mit dem Gemüse, den Zwiebeln, dem Knoblauch und den Kräutern in einem weiten Topf zum Kochen bringen. Mit Salz und Pfeffer abschmecken. Die Muscheln in den Topf geben. Darin zugedeckt etwa 7 Minuten kochen lassen, bis sie sich öffnen. Dabei den Topf immer wieder rütteln.

Schritt 2

3 Inzwischen die übrigen Kräuter fein hacken. Die Muscheln mit einer Schaumkelle aus dem Topf heben und in eine vorgewärmte Schüssel geben. Den Sud mit der Crème fraîche und den gehackten Kräutern mischen, mit Salz und Pfeffer würzen und über die Muscheln gießen. Sofort servieren.

Schritt 3

Zubereiten 40 Min.
Pro Portion: 200 kcal/837 kJ;
27 g EW; 8 g F; 5 g KH

Typisch britisch

Ob an den Küsten Großbritanniens oder Guernseys – einer der Normannischen Inseln im Ärmelkanal –, die Muscheln aus den kühlen Gewässern schmecken besonders gut und werden von Einheimischen wie von Gästen nicht nur als Vorspeise gerne gegessen.

FRITIERTE GARNELEN »DUBLIN«

IRLAND

In würzigem Bierteig gehüllt, knusprig fritiert und mit herbem Malzessig beträufelt, sind die knusprigen Garnelen ideal, um Familie und Gäste auf ein leichtes Hauptgericht einzustimmen.

ZUTATEN
(Für 4 Portionen)

- 200 g Mehl
- 170 ml dunkles Bier
- 2 Eier
- Salz, schwarzer Pfeffer
- 500 g rohe ausgelöste Garnelen
- 1 EL Zitronensaft

AUSSERDEM

- ½ l Öl zum Fritieren
- Küchenpapier
- Malzessig zum Beträufeln (siehe Zutatentip)

ZUTATENTIP
Malzessig bekommen Sie im Feinkostgeschäft. Wenn Sie ihn nicht erhalten, verrühren Sie Aceto balsamico so lange mit etwas braunem Zucker, bis er sich aufgelöst hat.

1 Für den Teig das Mehl mit dem Bier, den Eiern und 1 Prise Salz zu einem glatten, dickflüssigen Teig verrühren. Den Teig bei Zimmertemperatur 15 Minuten quellen lassen.

2 Inzwischen die Garnelen unter kaltem Wasser abbrausen und trockentupfen. Falls nötig, den dunklen fadenförmigen Darm herausziehen. Die Garnelen mit dem Zitronensaft beträufeln und mit Salz und Pfeffer würzen.

3 Das Öl in einem weiten Topf erhitzen. Eine hitzefeste Form mit Küchenpapier auslegen. Die Garnelen portionsweise mit einer Gabel durch den Teig ziehen, ins heiße Fett geben und darin jeweils etwa 3 Minuten fritieren, bis sie goldbraun und knusprig sind (siehe Kochtip). Herausnehmen, gut abtropfen lassen und in der Form im Backofen bei 50 °C warm halten. Wenn alle Garnelen fritiert sind, mit dem Essig beträufeln und sofort heiß servieren.

Schritt 1

Schritt 2

Schritt 3

Zubereiten 30 Min.
Pro Portion: 610 kcal/2552 kJ;
33 g EW; 37 g F; 36 g KH

TYPISCH IRISCH
Die Iren verstehen sich meisterlich auf die Zucht rassiger Pferde. Dabei gelten strenge Kriterien. Auch kulinarisch werden hohe Ansprüche gestellt. So gibt es beispielsweise für Garnelen unzählige Rezepte. In Bierteig ausgebacken sind sie ganz besonders beliebt. Typisch irisch dazu: Essig zum Beträufeln.

KOCHTIP

Die Garnelen werden mit einer Gabel durch den Teig gezogen, damit der überschüssige Teig gleich ablaufen kann. Dann sollten sie sofort ins Fett gelegt werden. Auf keinen Fall hineinwerfen, da das Fett sonst zu sehr spritzt und man sich leicht verbrennen kann. Zum Abtropfen mit einem Schaumlöffel herausholen.

SERVIERTIP

Zu den Garnelen können Sie noch sauer eingelegtes Gemüse, wie Mixed Pickles, oder einen Dip reichen.

Als Getränk am besten Bier, möglichst ein irisches Stout, anbieten. Dies sollte aber nicht zu kalt sein.

Küchen-Lexikon

Damit Ihnen unsere Rezepte noch besser gelingen, finden Sie hier viele nützliche Tips und Informationen rund um die vielseitige Vorspeisenküche sowie die wichtigsten Begriffe von A bis Z.

Chicorée

Die weiß bis gelblichen festen Stauden gehören zur Familie der Zichoriengewächse und bleiben so schön hell, weil sie im Dunklen wachsen und dadurch kein Blattgrün entwickeln können. Chicorée schmeckt leicht bitter, die meisten Bitterstoffe sitzen im Strunk. Man kann ihn keilförmig herausschneiden, wenn man nicht so gerne bitter ißt.

Croûtons

Darunter versteht man in Würfel oder Scheiben geschnittenes Weißbrot oder Toastbrot, das in einer beschichteten Pfanne in zerlassener Butter rundum goldbraun gebraten wird. Croûtons sind eine gute Suppeneinlage.

Fritieren

Beim Ausbacken in heißem Fett schließen sich die Poren von Fleisch, Fisch, Gemüse oder auch Teig rasch, und es bildet sich schnell eine leckere Kruste, die auch verhindert, daß zuviel Fett eindringt. Voraussetzung ist aber, daß das Fett heiß genug ist. Zum Fritieren eignen sich am besten raffinierte Öle und Plattenfette, die sich hoch erhitzen lassen.

Garnelen

Die Vielfalt ist groß und führt immer wieder zu Begriffsverwirrungen. Zu den Garnelen gehören Riesengarnelen ebenso wie King oder Tiger Prawns und Shrimps. Am besten schmecken die Garnelen aus kälteren Gewässern. Rohe Garnelen werden vor dem Garen aus den Schalen gebrochen. Dann schneidet man sie am Rücken leicht auf, damit man den dunklen fadenförmigen Darm entfernen kann. Dann nochmals kurz abspülen. Rohe Garnelen sind übrigens leicht verderblich und müssen rasch zubereitet werden.

Baguette selbstgebacken

Frisch aus dem Ofen schmeckt es besonders gut und paßt zu vielen Vorspeisen.

Zutaten für 1 großes Baguette
500 g Mehl
1 Würfel Hefe (42 g)
1 Prise Zucker, 1 TL Salz
Mehl fürs Blech

1. *Das Mehl in eine Schüssel sieben. In die Mitte eine Mulde drücken. Die Hefe und den Zucker mit etwas lauwarmen Wasser verrühren. In die Mulde gießen und zugedeckt bei Zimmertemperatur 15 Minuten gehen lassen.*

2. *Dann ¼ l lauwarmes Wasser und das Salz hinzufügen und alles gut durchkneten. Den Teig zugedeckt nochmals etwa 1 Stunde gehen lassen.*

3. *Den Backofen auf 200 °C vorheizen. Ein Backblech mit Mehl bestäuben. Den Teig nochmals durchkneten und zu einer Stange formen. Mehrmals schräg einritzen und mit Mehl bestäuben. Im Ofen (Gas 3; Umluft 180 °C) in etwa 25 Minuten goldgelb backen.*

Kokosraspel

Das geschälte Fleisch der Kokosnüsse wird geraspelt und anschließend getrocknet, dann kommt es in Tüten verpackt in den Handel. Naturkostläden bieten gröber geraspelte Kokosraspel an. Besonders fein schmecken die Raspel, wenn man frisches Kokosnußfleisch selbst raspelt und sofort verwendet.

Maracuja

Sie heißen auch Passionsfrüchte und wachsen hauptsächlich in den Tropen. Die kugeligen bis ovalen Früchte können außen prall und glatt, aber auch wie leicht schrumpelige Bälle aussehen. Farblich variieren sie von kräftig gelb bis dunkelbraun. Schneidet man sie auf, kommt ein weißes bis gelbes Fruchtfleisch mit bis zu 200 Kernen zum Vorschein. Die süßlich-säuerliche Frucht läßt sich einfach auslöffeln und mit den Kernen essen.

Miesmuscheln

Es gibt sie frisch, tiefgekühlt oder gegart in Gläsern zu kaufen. Frische Miesmuscheln müssen fest verschlossen sein, sich beim Garen aber öffnen. Rohe geöffnete Muscheln müssen Sie ebenso wegwerfen wie geschlossene gegarte. Inzwischen sind Miesmuscheln das ganze Jahr über im Handel zu erhalten. In den warmen Monaten müssen sie aber aus kalten Gewässern stammen.

Miso

Die fermentierte Sojabohnenpaste aus Japan gibt es in vielen verschiedenen Sorten. Bei uns sind vor allem drei Sorten im Angebot: Mamemiso ist reines Sojabohnenmiso, Komenmiso wird aus Sojabohnen mit Reis und Mugimiso aus Sojabohnen und Gerste hergestellt. Außerdem unterscheidet man noch helles Miso, das meist eher mild ist und dunkles oder rotes Miso, dem mehr Salz zugefügt wird. Es würzt daher viel intensiver. Miso erhalten Sie im Asienladen oder im gut sortierten Supermarkt.

Warmhalten von Speisen

Es gibt viele Möglichkeiten Gerichte warmzuhalten. Hier finden sie die einfachsten.

Raclette und heisser Stein

Wer ein Raclettegerät mit heißem Stein oder Warmhalteplatte besitzt, kann es sehr gut zum Warmhalten von Speisen und Getränken umfunktionieren.

Rechaud

Das Rechaud vom Fonduetopf können Sie gut zum Warmhalten von Vorspeisen verwenden. Schalten Sie die Löcher des Brenners eher klein, damit die Hitze nicht so groß wird, daß die Gerichte auf dem Tisch weitergaren und dadurch verkochen.

Stövchen

Um Vorspeisen, aber auch andere Gerichte, warm zu halten, können Sie die Schüsseln oder Platten auf ein Stövchen stellen. Entweder Sie haben ein großes mit mehreren Kerzen oder Sie stellen einfach zwei Stövchen auf dem Tisch dicht nebeneinander. Dafür sollten sie möglichst die gleiche Höhe haben.

Warmhalteplatten

Sie sind zum Warmhalten von Speisen ideal. Es gibt sie in unterschiedlichen Größen. Meist läßt sich die Hitze dieser Platten in mehreren Stufen regulieren.

Papaya

Ihr Fruchtfleisch erinnert im Geschmack ein wenig an Melonen, ist allerdings meist nicht ganz so aromatisch, da ihm Fruchtsäure fehlt. Man sollte Papayas deshalb vor der Zubereitung stets mit etwas Säure, wie Zitronen- oder Limettensaft, beträufeln. Reife Papayas haben eine gelbgrüne bis gelbe Schale, unreife Papayas sind farblich hingegen vollständig grün.

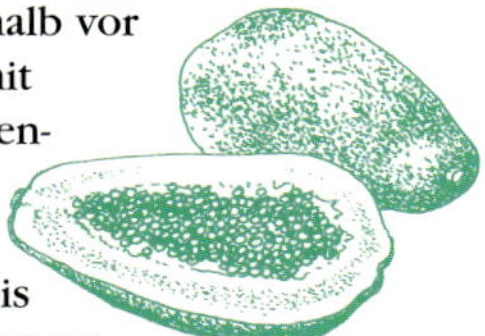

Wasabi

Der aromatische, aber sehr scharfe grüne Meerrettich stammt aus Japan. Sie bekommen ihn in Asienläden in der Tube oder aber als Pulver zum Selbstanrühren. Würzen Sie mit Wasabi immer erst sparsam, damit die Gerichte nicht zu scharf werden.

Worcestersauce

Mit der aromatischen, dünnflüssigen Sauce sollten Sie Gerichte immer nur tropfenweise abschmecken, da sie intensiv würzt. Neben Weinessig, Senf, Sherry, Zwiebeln und Sojasauce enthält sie jede Menge verschiedene Gewürze.

Menüvorschläge

Überraschen Sie Ihre Familie oder liebe Gäste doch einmal mit einem vollständigen Menü. Diese Vorschläge sollen Ihnen die Zusammenstellung landestypischer Speisenfolge erleichtern.

Portugal

Portugiesische Garnelentäschchen 6/7
Knoblauchhuhn
Himmelspeck

Spanien

Champignons in Kräuteröl 8/9
Meeresfrüchte-Paella
Orangencreme

Frankreich

Artischocken mit Knoblauchdip 10/11
Hechtklößchen auf Spinat
Champagnercreme

Käsecroûtons aus den Ardennen 12/13
Lammspieße mit Zwiebeln
Datteln mit Marzipan

Italien

Mozzarella in Carrozza 14/15
Schinken-Spinat-Tortellini
Panettone

Türkei

Blätterteigröllchen mit Schafskäse 16/17
Gebratene Hammelkoteletts
Halwa

Marokko

Marokkanisches Auberginenpüree 18/19
Wachteln in Weinsauce
Dattelplätzchen

Saudi Arabien

Arabische Thymianbrötchen 20/21
Sardinen in Kokossauce
Mandelpudding

Nigeria

Erbsenbällchen aus Nigeria 22/23
Scharfe Fischsuppe mit Okraschoten
Fruchtsalat

Mexiko

Gratinierte Papayas mit Huhn 26/27
Garnelen-Ananas-Spieße
Zitronenkuchen

Tortillas mit Hackfleischfüllung 28/29
Schweineragout mit Kapern
Ananas mit Vanillecreme

USA

Fischpastete »Neu England« 30/31
Geflügel-Gemüse-Burger
Cheesecake

Rezeptregister

Impressum

Redaktion: Förstner & Knophius GmbH
Rezepte: Cornelia Schinharl
Illustrationen: Rita Mühlbauer

Bildnachweis
Alle Titel- und Rezeptfotos:
Meister Verlag/International Masters Publisher B.V.
Harry Bischof, Michel Brauner, Dorothee Gödert
Einleitung: 4 oben Schapowalow, Hartig; 4 unten Schapowalow, Sperber; 4/5 oben Look, R. Martini; 4/5 unten AllOver, J. Beck; 5 oben AllOver, U. Kröner; 5 unten Schapowalow, Huber
Fotos zu den »Typisch-Abschnitten«: 6 Bilderberg, W. Kunz; 8 Bilderberg, Aurora; 11 Mauritius, Hubatka; 12 Bilderberg, W. Schmitz; 14 Look, B. Müller; 16 Mauritius, Fuste Raga; 18 Mauritius, Reinhard; 21 Mauritius, Lawrence; 22 Schapowalow, Halin; 26 Mauritius, fm; 29 Look, J. Richter; 30 Mauritius, H. Schmied; 32 Look, Ch. Heeb; 34 Mauritius, Studio M; 37 Mauritius, China Span; 38 Look, K. Wothe; 40 Bilderberg, T. Leeser; 44 Mauritius, R. Mayer; 47 AllOver, U. Haafke; 48 Look, A. Acquadro; 50 Look, F. Werner; 52 Mauritius, Nebe; 54 Look, A. Acquadro; 57 Bilderberg, D. Schmid; 58 Mauritius, Visa Image

Reproduktionen: Meyle+Müller Medien-Management, 75172 Pforzheim
Computer to plate: S-B-P-S GmbH Kirchberg
Druck und Weiterverarbeitung: Sebald Sachsendruck, Plauen

ISBN 3-88477-043-8